JN086407

ハングル表

子音字と母音字の組み合わせ

母音 / 子音	ㅏ a	ㅑ ja	ㅓ ɔ	ㅕ jɔ	ㅗ o	ㅛ jo	ㅜ u	ㅠ ju	ㅡ ɯ	ㅣ i
ㄱ k/g	가 カ	갸 キャ	거 コ	겨 キョ	고 コ	교 キョ	구 ク	규 キュ	그 ク	기 キ
ㄴ n	나 ナ	냐 ニャ	너 ノ	녀 ニョ	노 ノ	뇨 ニョ	누 ヌ	뉴 ニュ	느 ヌ	니 ニ
ㄷ t/d	다 タ	댜 テャ	더 ト	뎌 テョ	도 ト	됴 テョ	두 トゥ	듀 テュ	드 トゥ	디 ティ
ㄹ r/l	라 ラ	랴 リャ	러 ロ	려 リョ	로 ロ	료 リョ	루 ル	류 リュ	르 ル	리 リ
ㅁ m	마 マ	먀 ミャ	머 モ	며 ミョ	모 モ	묘 ミョ	무 ム	뮤 ミュ	므 ム	미 ミ
ㅂ p/b	바 パ	뱌 ピャ	버 ポ	벼 ピョ	보 ポ	뵤 ピョ	부 プ	뷰 ピュ	브 プ	비 ピ
ㅅ s/ʃ	사 サ	샤 シャ	서 ソ	셔 ショ	소 ソ	쇼 ショ	수 ス	슈 シュ	스 ス	시 シ
ㅇ 無音/ŋ	아 ア	야 ヤ	어 オ	여 ヨ	오 オ	요 ヨ	우 ウ	유 ユ	으 ウ	이 イ
ㅈ ʧ/ʤ	자 チャ	쟈 チャ	저 チョ	져 チョ	조 チョ	죠 チョ	주 チュ	쥬 チュ	즈 チュ	지 チ
ㅊ ʧʰ	차 チャ	챠 チャ	처 チョ	쳐 チョ	초 チョ	쵸 チョ	추 チュ	츄 チュ	츠 チュ	치 チ
ㅋ kʰ	카 カ	캬 キャ	커 コ	켜 キョ	코 コ	쿄 キョ	쿠 ク	큐 キュ	크 ク	키 キ
ㅌ tʰ	타 タ	탸 テャ	터 ト	텨 テョ	토 ト	툐 テョ	투 トゥ	튜 テュ	트 トゥ	티 ティ
ㅍ pʰ	파 パ	퍄 ピャ	퍼 ポ	펴 ピョ	포 ポ	표 ピョ	푸 プ	퓨 ピュ	프 プ	피 ピ
ㅎ h	하 ハ	햐 ヒャ	허 ホ	혀 ヒョ	호 ホ	효 ヒョ	후 フ	휴 ヒュ	흐 フ	히 ヒ

複合母音字

ㅐ エ ɛ	ㅒ イェ jɛ	ㅔ エ e	ㅖ イェ je	ㅘ ワ wa	ㅙ ウェ ɛw	ㅚ ウェ we	ㅝ ウォ wɔ	ㅞ ウェ we	ㅟ ウィ wi	ㅢ ウイ ɯi

濃音

ㄲ ʔk	ㄸ ʔt	ㅃ ʔp	ㅆ ʔs/ʃ	ㅉ ʔʧ

12課で学ぶ韓国語の入門

山崎玲美奈 著

この教科書の音源は白水社ホームページ（https://www.hakusuisha.co.jp/book/ISBN9784560017982.html）からダウンロードすることができます。
（お問い合わせ先：text@hakusuisha.co.jp）

音声ナレーション　　イ・ミンジョン、イ・ホスン
イラスト　　　　　　わたなべまき
本文デザイン・装丁　株式会社アイ・ビーンズ

はじめに

　本書は、韓国語を1からはじめる方のための入門の教科書です。全12課のうち、最初の3課は文字と発音について学び、その後の9課で文を作りコミュニケーションをするための要素について見ていきます。

　内容は、ハングルの書き方や読み方から基本的な文法やフレーズなどを、なぞり書きをしたり書き込んだりしながら学んでいけるように構成されています。ゆっくりとしたペースで進み、この1冊が終わる頃には文字と発音、そして今後レベルアップしていくために必要なベースとなってくれる基本的な知識について知ることができるようになっています。

-----⊶ **本書の特徴** ⊷-----

▶ 文字と発音は、なぞり書きや書き込みながら練習

▶ 文法は、短いフレーズで覚える

▶ ひとつの課でみる文法は3つまで

▶ 単語は、その課の最後のページにまとめて掲載

▶ 練習問題には、選択式と書き込み式の両方がある

▶ 各課の内容は、その課の「まとめのドリル」で確認・復習することができる

▶ 発音変化のルールは、巻末にまとめて掲載

▶ 音声はダウンロードして、いつでもどこでも聴くことができる

　本書が、みなさんの「韓国語をはじめてみたい」、「韓国語にはちょっと興味があるけれど、できるようになるか不安」、「韓国語って、簡単なの？難しいの？」というような、そんな気持ちに応え寄り添う、韓国語の最初の一冊になることができたら嬉しいです。

山崎玲美奈

12課で学ぶ韓国語の入門
目次

第1課

文字と発音（1）

1−1　母音（1）

 002

まずは、基本となる母音を、日本語の「あいうえお」と比べながら見ていきましょう。

あ	ㅏ	아	[a]	日本語の「ア」とほぼ同じ。口を縦に開ける。発音するとき、あごが下にさがる。
い	ㅣ	이	[i]	日本語の「イ」とほぼ同じ。口を横に引く。
う	① ㅜ	우	[u]	口を丸くすぼめて「ウ」と発音する。
	② ㅡ	으	[ɯ]	口を横に引いて「ウ」と発音する。
え	① ㅔ	에	[e]	日本語の「エ」とほぼ同じ。
	② ㅐ	애	[ɛ]	日本語の「エ」よりも口をやや開いて発音する。
お	① ㅗ	오	[o]	口を丸くすぼめて「オ」と発音する。
	② ㅓ	어	[ɔ]	口を縦に開けて「オ」と発音する。発音するとき、あごが下に下がる。

　母音を文字として書き表す際には、音がないことを表す子音の「ㅇ」と組み合わせて書きます。文字の組み合わせ方としては、母音が子音の右に来るものと、下に来るものがあります。

「ㅔ」と「ㅐ」は書く際にはかき分けますが、現在は発音する際どちらも同じように「え」と発音して構いません。

練習1 発音しながら書いてみましょう。　🔊 003

아	이	우	으	에	애	오	어
아	이	우	으	에	애	오	어
아	이	우	으	에	애	오	어

練習2 次の単語や表現を、発音しながら書いてみましょう。　🔊 004

① 아이 子供	아이	아이		
② 오이 キュウリ	오이	오이		
③ 에이 A	에이	에이		
④ 우아 優雅	우아	우아		

1－2 子音（1） 鼻音・流音 ◁)) 005

ここでは、日本語の「マ行」「ナ行」にあたる鼻音と、「ラ行」にあたる流音の子音を見ていきましょう。

	子音	子音+ト	発音
鼻音	ㅁ	마	[m] 日本語の「マ行」とほぼ同じ発音。
	ㄴ	나	[n] 日本語の「ナ行」とほぼ同じ発音。
流音	ㄹ	라	[r] 日本語の「ラ行」とほぼ同じ発音。

練習1 発音しながら書いてみましょう。 ◁)) 006

마	미	무	므	메	매	모	머
나	니	누	느	네	내	노	너
라	리	루	르	레	래	로	러

練習2 次の単語や表現を、発音しながら書いてみましょう。 ◁)) 007

① 어머니 お母さん	어머니	어머니		
② 나라 国	나라	나라		
③ 우리 私たち	우리	우리		
④ 노래 歌	노래	노래		

1−3 母音（2） 🔊 008

1−1 で見た「ㅏ, ㅓ, ㅗ, ㅜ, ㅔ, ㅐ」にそれぞれ一画ずつ加えると「ヤ、ユ、ヨ」などの音になります。

아 [ja]	어 [ɔ]	오 [jo]	우 [u]	에 [je]	애 [ɛ]

⬇

야 [ja]	여 [jɔ]	요 [jo]	유 [ju]	예 [je]	얘 [jɛ]

「ㅖ」と「ㅒ」は書く際にはかき分けますが、現在は発音する際どちらも同じように「イェ」と発音して構いません。

「ㅖ」は、ㄴ、ㅅ、ㅇ以外の子音と組み合わさる場合には［ㅔ］と発音されます。

練習1　発音しながら書いてみましょう。 🔊 009

야	여	요	유	예	얘
야	여	요	유	예	얘
야	여	요	유	예	얘

練習2　次の単語や表現を、発音しながら書いてみましょう。 🔊 010

① 우유 牛乳	우유	우유	
② 요리 料理	요리	요리	
③ 아뇨 いいえ	아뇨	아뇨	
④ 이유 理由	이유	이유	

終声（1）

これまでに見てきた叶や모のような子音と母音の組み合わせの下に、もう一つ子音を組み合わせることができます。この最後の子音のことを「終声」といい、この位置に来る子音字のことを「パッチム」といいます。

	子音	例	発音
鼻音	ㅁ	맘	[m]「まんぱい」と言うつもりで「まん」まで言ったときの「ん」とほぼ同じ。唇を閉じて音を止めるイメージで発音する。
	ㄴ	만	[n]「まんなか」と言うつもりで「まん」まで言ったときの「ん」とほぼ同じ。舌先と前歯で音を止めるイメージで発音する。
	ㅇ	망	[ŋ]「まんが」と言うつもりで「まん」まで言ったときの「ん」とほぼ同じ。喉の奥で音を止めるイメージで発音する。ㅇは終声では [ŋ]。
流音	ㄹ	말	[l]「まる」と言うつもりで「る」の途中で止めるように発音。発音し終わるときに、舌先を口の天井から離さないように発音する。

練習1 発音しながら書いてみましょう。

맘	만	망	말	남	난	낭	날

암	안	앙	알	람	란	랑	랄

練習2 次の単語や表現を、発音しながら書いてみましょう。

① 언니 （女性から見た）姉	언니	언니		
② 내일 明日	내일	내일		
③ 마음 心、気持ち	마음	마음		
④ 얼마 いくら	얼마	얼마		

第1課のまとめ

1 発音しながら書いてみましょう。　🔊 014

口を縦に開ける		口を丸くすぼめる		口を横に引く		日本語の「エ段」と ほぼ同じ	
나	너	노	누	느	니	내	네
마	머	모	무	므	미	매	메
라	러	로	루	르	리	래	레

야	여	요	유	예	얘

2 次の単語や表現を、発音しながら書いてみましょう。　🔊 015

① 요일　曜日	요일	요일		
② 영어　英語	영어	영어		
③ 안녕?　元気?、バイバイ	안녕?	안녕?		
④ 매일　毎日	매일	매일		

第2課

文字と発音（2）

2－1 子音（2） 平音

◁)) 016

ここでは、日本語「カ」行や「サ」行などにあたる平音というグループの子音を見ていきましょう。

子音	子音+ㅏ	発音
ㄱ	가	〔k〕　日本語の「カ」行とほぼ同じ発音。
ㄷ	다	〔t〕　日本語の「タ・テ・ト」とほぼ同じ発音。
ㅂ	바	〔p〕　日本語の「パ」行とほぼ同じ発音。
ㅈ	자	〔ʧ〕　日本語の「チャ」行とほぼ同じ発音。
ㅅ	사	〔s/ʃ〕　日本語の「サ」行とほぼ同じ発音。

ㄷ〔t〕が、母音のㅣと組み合わさったときの
디の発音は〔ティ〕（×チ）となります。
ㅜ、ㅡと組み合わさったときの두、드の発音は
〔トゥ〕（×ツ）となります。

練習1 発音しながら書いてみましょう。 🔊 017

가	기	구	그	게	개	고	거
다	디	두	드	데	대	도	더
바	비	부	브	베	배	보	버
자	지	주	즈	제	재	조	저
사	시	수	스	세	새	소	서

練習2 次の単語や表現を、発音しながら書いてみましょう。 🔊 018

① 가수 歌手	가수	가수		
② 자료 資料	자료	자료		
③ 버스 バス	버스	버스		
④ 다리 橋	다리	다리		

2－2 発音変化（1） 有声音化

平音の「ㄱ, ㄷ, ㅂ, ㅈ」の4つだけは、語中（言い換えれば2文字目以降）では濁音で発音されます。同じ平音であっても、ㅅは語中でも濁音になりません。

一文字ずつの発音　　つなげて読む場合の発音　　🔊 019

부 + 부 ⇒ 부부 （夫婦）
[pu]　[pu]　　　　[pubu]

語中では［bu］と
濁音で発音

練習1 有声音化する部分に○をつけてみましょう。　　🔊 020

例 부(부) 夫婦

① 아버지　　② 고기　　③ 어디　　④ 바다
父　　　　　肉　　　　どこ　　　　海

⑤ 두부　　⑥ 가구　　⑦ 자주　　⑧ 기다려요
豆腐　　　家具　　　しょっちゅう、よく　待ちます

練習2 有声音化に注意しながら、次の単語や表現を、発音しながら書いてみましょう。　　🔊 021

① 이거　これ	이거	이거		
② 누구　誰	누구	누구		
③ 여기　ここ	여기	여기		
④ 여보세요 もしもし	여보세요	여보세요		

2-3 複合母音　　　🔊 022

　ここでは、「ワ」「ウォ」「ウェ」のような音をあらわす母音を見ていきます。これらの音には母音の「ㅗ」または「ㅜ」に他の母音を付け加えて表すものなどがあります。

ㅗ＋他の母音			
ワ	①ㅘ③④②	와	口を丸くすぼめてから「ワ」と発音（ㅗ（オ）＋ㅏ（ア）が合わさって「ワ」）
ウェ	①ㅙ③⑤② ④	왜	口を丸くすぼめてから「ウェ」と発音（ㅗとㅐを合わせても「ウェ」という音にはならないので、これは例外的に覚える必要あり）
ウェ	①ㅚ③②	외	口を丸くすぼめてから「ウェ」と発音（ㅗとㅣを合わせても「ウェ」という音にはならないので、これは例外的に覚える必要あり）
ㅜ＋他の母音			
ウォ	①ㅝ④② ③	워	口を丸くすぼめてから「ウォ」と発音（ㅜ（ウ）＋ㅓ（オ）が合わさって「ウォ」）
ウェ	①ㅞ④⑤② ③	웨	口を丸くすぼめてから「ウェ」と発音（ㅜ（ウ）＋ㅔ（エ）が合わさって「ウェ」）
ウィ	①ㅟ③②	위	口を丸くすぼめてから「ウィ」と発音（ㅜ（ウ）＋ㅣ（イ）が合わさって「ウィ」）
二重母音			
ウイ	①ㅢ②	의	口を横に引いたまま「ウイ」と発音

　「ㅙ」「ㅚ」「ㅞ」はすべて同じく「ウェ」と発音して構いません。「ㅙ」と「ㅚ」は例外的に、組み合わせた母音のそれぞれの音から発音を推測することができません。この2つだけは丸覚えしてしまいましょう。

練習1　次の単語や表現を、発音しながら書いてみましょう。　🔊 023

① 의미　意味	의미	의미		
② 왜요?　なぜですか?	왜요?	왜요?		
③ 와요　来ます	와요	와요		
④ 사과　りんご	사과	사과		

2－4 発音変化（2） 連音化

　일や본のようなパッチムのある文字の直後に、母音で始まる（ㅇで始まる）文字が来た場合には、その<u>パッチムと母音がくっ付いて発音されます</u>。これを連音化といいます。

◀)) 024

| 書くとき → | イルボnオ
일본어 （日本語）パッチム n ＋オ＝ノ [no] |

| 発音　→ | イルボノ
[일보너] |

【練習1】 次の単語や表現を、連音化に注意して発音しながら書いてみましょう。 ◀)) 025

① **음악** 音楽	음악	음악		
② **어린이** 子供	어린이	어린이		
③ **일요일** 日曜日	일요일	일요일		
④ **영어** 英語	영어	영어		

【練習2】 次の単語や表現を、連音化に注意して発音しながら書いてみましょう。 ◀)) 026

① **오늘이에요** 今日です	오늘이에요	오늘이에요	
② **알아요** 知っています	알아요	알아요	
③ **만 원이에요** 1万ウォンです	만 원이에요	만 원이에요	
④ **만들어요** 作ります	만들어요	만들어요	

*** 第2課のまとめ ***

1 発音しながら書いてみましょう。　🔊 027

가	기	구	그	게	개	고	거
다	디	두	드	데	대	도	더
바	비	부	브	베	배	보	버
자	지	주	즈	제	재	조	저
사	시	수	스	세	새	소	서

와　왜　외　워　웨　위　의

2 次の単語や表現を、発音しながら書いてみましょう。　🔊 028

① 의자 椅子	의사	의사	
② 도서관 図書館	도서관	도서관	
③ 정말이에요? 本当ですか?	정말이에요?	정말이에요?	
④ 삼월이에요 3月です	삼월이에요	삼월이에요	

第3課

文字と発音（3）

3-1 子音（3） 激音 🔊 029

ここでは、息を吐きながら発音する激音というグループの子音を見ていきましょう。

子音	子音+ㅏ	発音
ㅋ	카	[kʰ] 日本語の「カ」行を発音するときに、息を吐きながら発音する。
ㅌ	타	[tʰ] 日本語の「タ・テ・ト」を発音するときに、息を吐きながら発音する。
ㅍ	파	[pʰ] 日本語の「パ」行を発音するときに、息を吐きながら発音する。
ㅊ	차	[ʨʰ] 日本語の「チャ」行を発音するときに、息を吐きながら発音する。
ㅎ	하	[h] 日本語の「ハ」行とほぼ同じ発音。日本語の「ハ」行よりもやや弱く発音される。

2-2 で見た平音の「ㄱ, ㄷ, ㅂ, ㅈ」は、語中では濁音で発音される有声音化を起こします。この有声音化は、平音の「ㄱ, ㄷ, ㅂ, ㅈ」の4つでだけ起こります。そのため、ここで見ている激音は語中であっても有声音化して濁音で発音されることはありません。

ちなみに ㅅ には対応する激音がありません。

18

練習1 発音しながら書いてみましょう。 ◀)) 030

카	키	쿠	크	케	캐	코	커
타	티	투	트	테	태	토	터
파	피	푸	프	페	패	포	퍼
차	치	추	츠	체	채	초	쳐
하	히	후	흐	헤	해	호	허

練習2 次の単語や表現を、発音しながら書いてみましょう。 ◀)) 031

① 하나　ひとつ　　하나　하나
② 카페　カフェ　　카페　카페
③ 타요　乗ります　타요　타요
④ 추워요　寒いです　추워요　추워요

子音（4） 濃音　　　　🔊 032

ここでは、息を止めてから発音する濃音というグループの子音を見ていきましょう。

子音	子音+ㅏ	発音
ㄲ	까 [ˀk]	「カ」行を発音するときに、発音する音の前に小さい「ッ」をつけて、息を一度止めてから発音する。
ㄸ	따 [ˀt]	「タ・テ・ト」を発音するときに、発音する音の前に小さい「ッ」をつけて、息を一度止めてから発音する。
ㅃ	빠 [ˀp]	「パ」行を発音するときに、発音する音の前に小さい「ッ」をつけて、息を一度止めてから発音する。
ㅉ	빠 [ˀʧ]	「チャ」行を発音するときに、発音する音の前に小さい「ッ」をつけて、息を一度止めてから発音する。
ㅆ	싸 [ˀs]	「サ」行を発音するときに、発音する音の前に小さい「ッ」をつけて、息を一度止めてから発音する。

> ここで見ている濃音も、激音と同じく語中であっても濁音で発音されることはありません。
> ちなみにㅎの濃音はありません。

練習1 発音しながら書いてみましょう。 🔊 033

까	끼	꾸	꼬	께	깨	꼬	껴
따	띠	뚜	뜨	떼	때	또	떠
빠	삐	뿌	쁘	뻬	빼	뽀	뻐
짜	찌	쭈	쯔	쩨	째	쪼	쩌
싸	씨	쑤	쓰	쎄	쌔	쏘	써

練習2 次の単語や表現を、発音しながら書いてみましょう。 🔊 034

① 아까 さっき	아까	아까	
② 오빠 （女性から見た）兄	오빠	오빠	
③ 또 また	또	또	
④ 비싸요 （値段が）高いです	비싸요	비싸요	

3−3 終声（2）

1−4 でも見た、子音と母音の組み合わせの下にもう一つ子音を組み合わせる最後の子音「終声」について見ていきましょう。この位置に来る子音字のことを「パッチム」といいます。

子音	子音+ㅏ	発音	同じグループの パッチム
ㅂ	압	[ᴾ] 「いっぱい」と言うつもりで「いっ」までいったときの「いっ」とほぼ同じ。唇を閉じて音を止めるイメージで発音する。	ㅂ, ㅍ
ㄷ	앋	[ᵗ] 「やった」と言うつもりで「やっ」まで言ったときの「やっ」とほぼ同じ。舌先と前歯で音を止めるイメージで発音する。	ㄷ, ㅌ, ㅅ, ㅆ ㅈ, ㅊ, ㅎ
ㄱ	악	[ᵏ] 「まっか」と言うつもりで「まっ」まで言ったときの「まっ」とほぼ同じ。喉の奥で音を止めるイメージで発音する。	ㄱ, ㅋ, ㄲ

同じグループのパッチムも、一文字だけで読む場合にはそれぞれのグループの [ᴾ] [ᵗ] [ᵏ] で発音されます。

例 つづり ⇒ [発音]　앞 ⇒ [압]　있 ⇒ [읻]　억 ⇒ [억]

練習1 次の単語や表現を、発音しながら書いてみましょう。 036

① 밥 ご飯	밥	밥	
② 답 答え	답	답	
③ 한국 韓国	한국	한국	
④ 못 できない	못	못	

＊＊＊第3課のまとめ＊＊＊

１ 発音しながら書いてみましょう。　🔊 **037**

카	코	키	케	타	토	티	테
파	포	피	페	차	초	치	체
하	호	히	헤	까	꼬	끼	께
따	또	띠	떼	빠	뽀	삐	뻬
짜	쪼	찌	쩨	싸	쏘	씨	쎄

２ 次の単語や表現を、発音しながら書いてみましょう。　🔊 **038**

① **꼭** 必ず、きっと	꼭	꼭	
② **그때** その時	그때	그때	
③ **빨리** 早く	빨리	빨리	
④ **가까워요** 近いです	가까워요	가까워요	

🎵 🎵 🎵 🎵 🎵 かなのハングル表記 🎵 🎵 🎵 🎵 🎵 🎵

日本の人名や地名などをハングルで書く場合は、この一覧表のように書き表します。

かな					ハングル ＊（ ）は語中・語末の場合				
あ	い	う	え	お	아	이	우	에	오
か	き	く	け	こ	가(카)	기(키)	구(쿠)	게(케)	고(코)
さ	し	す	せ	そ	사	시	스	세	소
た	ち	つ	て	と	다(타)	지(치)	쓰	데(테)	도(토)
な	に	ぬ	ね	の	나	니	누	네	노
は	ひ	ふ	へ	ほ	하	히	후	헤	호
ま	み	む	め	も	마	미	무	메	모
や		ゆ		よ	야		유		요
わ				を	와				오
ん		っ			(パッチム) ㄴ		(パッチム) ㅅ		
が	ぎ	ぐ	げ	ご	가	기	구	게	고
ざ	じ	ず	ぜ	ぞ	자	지	즈	제	조
だ	ぢ	づ	で	ど	다	지	즈	데	도
ば	び	ぶ	べ	ぼ	바	비	부	베	보
ぱ	ぴ	ぷ	ぺ	ぽ	파	피	푸	페	포
きゃ	きゅ	きょ			갸(캬)		규(큐)		교(쿄)
ぎゃ	ぎゅ	ぎょ			갸		규		교
しゃ	しゅ	しょ			샤		슈		쇼
じゃ	じゅ	じょ			자		주		조
ちゃ	ちゅ	ちょ			자 (차)		주 (추)		조 (초)
ひゃ	ひゅ	ひょ			햐		휴		효
びゃ	びゅ	びょ			뱌		뷰		뵤
ぴゃ	ぴゅ	ぴょ			퍄		퓨		표
みゃ	みゅ	みょ			먀		뮤		묘
りゃ	りゅ	りょ			랴		류		료

❖ポイント

① 日本語の「ウ段」は基本的には母音「ㅜ」を使いますが、サ行、タ行、ザ行、ダ行のときは「ㅡ」を使います。

② タ行、ダ行は、「ち」「ぢ、づ」のときは子音ㅈおよびㅊを使い、その他の音の場合はㄷを使います。

③「つ」は原則として「쓰」を使います。

④「斉藤（さいとう）」の「う」の部分や「大阪（おおさか）」の二文字目の「お」のような伸ばす音は、原則として表記しません。

24

練習1 日本の地名をハングルで書いてみましょう。（　）は表記しなくていい部分です。

① か　な　が　わ
　　가　나　가　와

② と(う)　きょ(う)
　　도　쿄

③ ち　ば
　　지　바

④ せん　だ　い
　　센　다　이

⑤ ほっ　か　い　ど(う)
　　홋　카　이　도

⑥ あ　い　ち
　　아　이　치

練習2 人の名前をハングルで書いてみましょう。（　）は表記しなくていい部分です。

① や　ま　だ
　　야　마　다

② しん　た　ろ(う)
　　신　타　로

③ す　ず　き
　　스　즈　키

④ み　な　こ
　　미　나　코

⑤ さ　い　と(う)
　　사　이　토

⑥ さ　と　み
　　사　토　미

第4課

〜です、こそあど言葉、〜は

A 해외 여행은 처음이에요?

海外旅行は初めてですか?

B 네. 여기는 처음이에요.

はい。 ここは初めてです。

◆ この課のポイント ◆

❶「友達です」「旅行ですか?」などの、「〜です」「〜ですか?」と言えるようになる。

❷「この、その、あの」「ここ、そこ、あの」などの「こそあど言葉」がわかるようになる。

❸「友達は」「旅行は」のような「〜は」という表現が使えるようになる。

① 〜です、〜ですか？

「ここです」「旅行です」のように、名詞などの単語について「〜です」というときには、次のようになります。

前の単語の最後に

① **パッチム無し** → 名詞 + **예요**   🔊 040

例 여기예요. ここです。

② **パッチム有り** → 名詞 + **이에요**

例 처음이에요. 初めてです。

····· パッチム有

・①の예요は文字通りによむと「イェヨ」ですが、この「〜です」として使われる場合には [에요]（エヨ）と発音されます。
・②の場合には連音化（16、82 ページ参照）が起こり、처음이에요（初めてです）は [처으미에요] と発音されます。
・文末の「.」を「?」に変えると疑問文になります。

練習1 次の単語につけるのに適切なものに〇をつけてください。   🔊 041

① 친구예요/이에요.　友達です。

② 취미예요/이에요?　趣味ですか？

③ 일본예요/이에요.　日本です。

④ 한국예요/이에요?　韓国ですか？

練習2 次の単語に예요/이에요のどちらか適切なものをつけて書き、文を完成させてください。   🔊 042

① 거기　そこ　　　　　　　　　　　　　　　　　　　そこです。

② 영화　映画　　　　　　　　　　　　　　　　　　　映画ですか？

③ 학생　学生　　　　　　　　　　　　　　　　　　　学生です。

④ 회사원　会社員　　　　　　　　　　　　　　　　　会社員ですか？

② こそあど言葉

ここでは、「これ、それ、あれ、どれ」のような「こそあど言葉」を見ていきましょう。

🔊 043

	この	これ	ここ
こ	**이**	**이것**	**여기**

	その	それ	そこ
そ	**그**	**그것**	**거기**

	あの	あれ	あそこ
あ	**저**	**저것**	**저기**

	どの	どれ	どこ
ど	**어느**	**어느 것**	**어디**

練習1 日本語文の下線部分にあたる「こそあど言葉」を 　　 に書き入れて 🔊 044
ください。

① 　　　　　　 가방이에요.　　そのカバンです。

② 　　　　　　 이에요?　　　　どれですか？

③ 　　　　　　 예요?　　　　　どこですか？

④ 　　　　　　 노래예요.　　　この歌です。

練習2 次の文を訳してください。 🔊 045

① ここです。

② この人です。

③ どのカバンですか？

④ どの歌ですか？

③　～は

「ここは」「旅行は」のように、名詞などの単語について「～は」というときには、次のようになります。

前の単語の
最後に

① パッチム **無し** → 名詞 ＋ 는

例 여기는 ここは

② パッチム **有り** → 名詞 ＋ 은

例 처음은 初めは

　パッチム有

・②の場合には連音化（16、82ページ参照）が起こり、처**음은**（初めは）は［처**으믄**］と発音されます。

[練習1] 次の単語につけるのに適切なものに○をつけてください。　047

① 친구는/은　友達は

② 취미는/은　趣味は

③ 일본는/은　日本は

④ 한국는/은　韓国は

[練習2] 次の単語に 는/은 のどちらか適切なものをつけて書き、文を完　048
成させてください。

① 거기　そこ　　　[　　　　　　　　　]　　　そこは

② 영화　映画　　　[　　　　　　　　　]　　　映画は

③ 학생　学生　　　[　　　　　　　　　]　　　学生は

④ 여행　旅行　　　[　　　　　　　　　]　　　旅行は

1 次の単語につけるのに適切なものに○をつけてください。　🔊049

① 드라마는/은　　　ドラマは

② 가족는/은　　　家族は

③ 커피예요/이에요.　コーヒーです。

④ 서울예요/이에요?　ソウルですか？

2 日本語文の<u>下線部分</u>にあたる表現を　に書き入れてください。　🔊050

① 지하철 역　　　저기　　　.　地下鉄の駅<u>は</u>あそこ<u>です</u>。

② 오늘　　　수요일　　　.　今日<u>は</u>水曜日<u>です</u>。

③ 　　　이야기　　　정말　　　?　<u>その</u>話<u>は</u>本当<u>ですか</u>？

④ 　　　사람　　　제 친구　　　.　<u>この人</u><u>は</u>私の友達<u>です</u>。

3 次の文を訳してください。　🔊051

① 教室はここですか？

② この映画です。

③ 家はソウルですか？

④ これは私のカバンです。

この課の単語と表現 🔊 052

家	집	水曜日	수요일
歌	노래	ソウル	서울
映画	영화	地下鉄	지하철
海外	해외	友達	친구
会社員	회사원	ドラマ	드라마
学生	학생	日本	일본
家族	가족	はい	네
カバン	가방	初めて、初め	처음
韓国	한국	話	이야기
今日	오늘	人	사람
教室	교실	本当	정말
コーヒー	커피	旅行	여행
趣味	취미	私の	제

使ってみよう、色々な表現！ 🔊 053

こんにちは。
안녕하세요?

ありがとうございます。
감사합니다.

第5課

〜ではありません、数詞①、〜に

🔊 054

A 이월 오 일은 친구 생일이에요?

2月5日は友達の誕生日ですか？

B 아뇨. 오 일이 아니에요.
육 일에 생일 파티예요.

いいえ。 5日ではありません。
6日に誕生日パーティーです。

여기가
오늘이

늘이 ⌣ 連音化するよ

- - - - - - - - - - - ◆ この課のポイント ◆ - - - - - - - - - - -

❶「5日ではありません」などの、「〜ではありません」「〜ではありませんか」と言えるようになる。

❷ 日付や値段に使う数詞（漢数詞）がわかるようになる。

❸「いついつに」「どこどこに」など時間や場所に使う「〜に」という表現が使えるようになる。

① ～ではありません、～ではありませんか?

「ここではありません」「旅行ではありません」のように、名詞などの単語について「～ではありません」というときには、次のようになります。

🔊 055

> 前の単語の
> 最後に

① パッチム **無し** → 名詞 + **가 아니에요**

例 **여기**가 아니에요. ここではありません。

② パッチム **有り** → 名詞 + **이 아니에요**

例 **오늘**이 아니에요. 今日ではありません。

↑ パッチム有

・②の場合には連音化(16、82ページ参照)が起こり、오**늘이**の部分は[오느리]と発音されます。
・文末の「.」を「?」に変えると疑問文になります。

練習1 次の単語につけるのに適切なものに〇をつけてください。 🔊 056

① **친구**가 아니에요/이 아니에요. 友達ではありません。

② **취미**가 아니에요/이 아니에요? 趣味ではありませんか?

③ **일본**가 아니에요/이 아니에요. 日本ではありません。

④ **한국**가 아니에요/이 아니에요? 韓国ではありませんか?

練習2 次の単語に 가 아니에요/이 아니에요 のどちらか適切なものをつけて書き、文を完成させてください。 🔊 057

① 거기 そこ [　　　　　　　　] そこではありません。

② 영화 映画 [　　　　　　　　] 映画ではありませんか?

③ 학생 学生 [　　　　　　　　] 学生ではありません。

④ 회사원 会社員 [　　　　　　　　] 会社員ではありませんか?

② 数詞 ❶

韓国語の数詞には、日本語の「いち、に、さん…」に当たる漢数詞と、「ひとつ、ふたつ、みっつ」に当たる固有数詞の2種類があります。ここではまず、漢数詞についてみていきます。

▶ 漢数詞　　　　　　　　　　　　　　　　　　　　　　　　🔊 058

ゼロ	一	二	三	四	五	六	七	八	九	十	百	千	万
영,공※	일	이	삼	사	오	육	칠	팔	구	십	백	천	만

・십구 (19) は [십꾸] と発音されます。[ᵖ][ᵗ][ᵏ] で発音されるパッチムの後ろに来た平音は、濃音で発音されます。(83 ページ「濃音化」参照)

▶ 漢数詞につく助数詞には、次のようなものがあります。　　🔊 059

年	月	日	分	番	ウォン	階
년	월	일	분	번	원	층

例 2022 年 ⇒ 이천이십이 년

・韓国語で「一万」という際には、頭に「일」をつけずに「만」とだけ言います。
　例 만 원이에요.　　1 万ウォンです。(×일만 원)

・月の名称は基本的に「漢数詞」に「월」をつけますが、「6月」と「10月」だけは、それぞれ유월、시월となります。この例外は月の名称の時だけ適応されます。
　例 유월 6月 (×육월)、　시월 10月 (×십월)、　시월 십일 10月 10日

〔練習1〕 日本語文の下線部分にあたる表現を　　　　　に書き入れてください。　🔊 060

① _____ 분이에요.　　<u>15</u>分です。

② _____ 원이에요?　　<u>2000</u>ウォンですか？

③ _____ 이에요?　　<u>4月</u>ですか？

④ _____ 이에요.　　<u>7万ウォン</u>です。

〔練習2〕 次の文を訳してください。　🔊 061

① 1月9日です。　_____　③ 1万ウォンですか？　_____

② 30分です。　_____　④ 6月6日ですか？　_____

③ 〜に（時間・場所）

「ここに」「2月に」のように、時間や場所について「〜に」というときには、次のようになります。

```
時間・場所 + 에
```

これは前の単語の最後にパッチムがあってもなくても形は変わりません。　🔊 062

　例 **여기**에 ここに　　**이월**에 2月に

・「2月に」の場合には連音化（16、82ページ参照に）が起こり、이 월에 （2月に）は［이워레］と発音されます。

・この −에は、있어요（あります、います）、없어요（ありません、いません）と組み合わせて使うことができます。（있어요、없어요については41ページ参照）

練習1　次の単語に「〜に」にあたる表現をつけて書き、発音してみましょう。 🔊 063

① **어디** どこ　　　　　　　　　　　　　　どこに
② **거기** そこ　　　　　　　　　　　　　　そこに
③ **칠월** 7月　　　　　　　　　　　　　　7月に
④ **오전** 午前　　　　　　　　　　　　　　午前に

練習2　次の文を訳してください。 🔊 064

① 韓国に
② 私の横に
③ 3月4日に
④ 30分に

1 次の単語につけるのに適切なものに○をつけてください。　　🔊 065

① 이 자리가 아니에요/이 아니에요.　　この席ではありません。

② 여기가 아니에요/이 아니에요?　　ここではありませんか？

③ 제 가방가 아니에요/이 아니에요.　　私のカバンではありません。

④ 내일가 아니에요/이 아니에요?　　明日ではありませんか？

2 日本語文の<u>下線部分</u>にあたる表現を [⋯⋯⋯⋯] に書き入れてください。　🔊 066

① [⋯⋯⋯⋯⋯] 분이에요.　　<u>50</u>分です。

② [⋯⋯⋯⋯⋯] 원이 아니에요?　　<u>1万</u>ウォンではありませんか？

③ [⋯⋯⋯⋯⋯] 이에요?　　<u>9月</u>ですか？

④ [⋯⋯⋯⋯⋯] 이 아니에요.　　<u>3万ウォン</u>ではありません。

3 次の文を訳してください。　　🔊 067

① これは嘘ではありません。　　[⋯⋯⋯⋯⋯⋯⋯⋯⋯⋯⋯]

② 誕生日は今日ではありませんか？　　[⋯⋯⋯⋯⋯⋯⋯⋯⋯⋯⋯]

③ 約束は午後にあります。　　[⋯⋯⋯⋯⋯⋯⋯⋯⋯⋯⋯]

④ 試験は7月にありますか？　　[⋯⋯⋯⋯⋯⋯⋯⋯⋯⋯⋯]

この課の単語と表現 ◀)) 068

明日	내일	この	이
あります、います	있어요	試験	시험
ありますか?、いますか?	있어요?	趣味	취미
いいえ	아뇨	席	자리
嘘	거짓말 ※［거진말］と発音	そこ	거기
映画	영화	誕生日	생일
会社員	회사원	パーティー	파티
学生	학생	どこ	어디
カバン	가방	友達	친구
韓国	한국	日本	일본
今日	오늘	約束	약속
ここ	여기	横、隣	옆
午後	오후	私の	제
午前	오전		

使ってみよう、色々な表現! ◀)) 069

お会いできて嬉しいです。
반갑습니다.

よろしくお願いします。
잘 부탁합니다.

第6課

〜が、数詞②、ある・ない

🔊 070

A 내일은 시간이 있어요?

明日は時間がありますか？

B 아뇨. 열 시에 회의가 있어요.
그래서 시간이 없어요.

いいえ。10時に会議があります。
なので、時間がありません。

どっちも **있어요** だよ

◆ この課のポイント ◆

❶ 「時間が」「会議が」のような、「〜が」という表現が使えるようになる。

❷ 時刻や数などに使う数詞（固有数詞）がわかるようになる。

❸ 「あります、います」「ありません、いません」と言えるようになる。

 ～が

「時間が」「会議が」などの、「～が」のように、名詞などの単語について「～が」というときには、次のようになります。

071

前の単語の
最後に

① パッチム
無し → 名詞 ＋ **가**

例 **회의가** 会議が

② パッチム
有り → 名詞 ＋ **이**

例 **시간이** 時間が
パッチム有

・②の場合には連音化（16、82 ページ参照）が起こり、시 간이 の部分は［시 가니］と発音されます。

練習1 次の単語につけるのに適切なものに○をつけてください。 072

① **친구가/이** 友達が
② **취미가/이** 趣味が
③ **일본가/이** 日本が
④ **한국가/이** 韓国が

練習2 次の単語に가/이のどちらか適切なものをつけて書き、文を完成させてください。 073

① **거기** そこ .... そこが
② **영화** 映画 .... 映画が
③ **학생** 学生 .... 学生が
④ **여행** 旅行 .... 旅行が

② 数詞 ❷

ここではもう一つの数詞の「固有数詞」についてみていきます。

▶固有数詞　🔊 074

11	12	13	14	15	16	17	18	19	20
하나	둘	셋	넷	다섯	여섯	일곱	여덟	아홉	열
한	두	세	네						

🔊 075

11	12	13	14	15	16	17	18	19	20
열하나	열둘	열셋	열넷	열다섯	열여섯	열일곱	열여덟	열아홉	스물
열한	열두	열세	열네						스무

なお、固有数詞につく助数詞には、次のようなものがあります。

時	名、人	個	冊	匹	枚	回、度	歳
시	명	개	권	마리	장	번	살

🔊 076

- 固有数詞で1〜4が一桁に来る際、後ろに助数詞が続く場合には、表の下段の形を使います。
- 1〜4の形が変わるのは、11、12、13、14 などの場合も同じです。一桁が1〜4の際にも、同じく表の下の段の形を使います。

  例 한 시 1時（×하나 시）、 두 시 2時（×둘 시）、 열한 시 11時（×열 하나 시）

- 固有数詞の 20 は「스물」です。20 の直後に助数詞が来る場合には「스무」という形を使います。ただしこれは「20」ぴったりの時だけで、21 以降は「스물」のまま使います。

  例 스무 살　20 歳　　（×스물 살）、스물한 살　21 歳

- 時刻を表す際には、「時」には固有数詞、「分」には漢数詞を使います。混同しないよう注意しましょう。

  例 ⑩ 時⑩ 分　⇒　열 시 십분

  固有数詞 ⋯⋯⋯⋯⋯ 漢数詞

練習1 日本語文の下線部分にあたる表現を　　に書き入れてください。　🔊 077

① [　　　　　] 명이에요.　　<u>2</u>人です。

② [　　　　　] 시예요?　　<u>1</u>時ですか？

③ [　　　　　] 예요?　　<u>4個</u>ですか？

④ [　　　　　] 이에요.　　<u>19歳</u>です。

③ あります・います、ありません・いません

「あります、います」「ありません、いません」というときには、次のようになります。

🔊 078

> あります、います　　**있어요**

> ありません、いません　　**없어요**

・日本語では生きているものに対しては「あります、います」、それ以外のものに対しては「ありません、いません」を使いますが、韓国語では両方とも**있어요**、**없어요**で表します。
・文末の「.」を「?」に変えると疑問文になります。

【練習1】 日本語文の下線部分にあたる表現を ┊┊┊┊ に書き入れてください。　🔊 079

① 여기에 ┊┊┊┊┊┊┊┊┊┊┊┊ .　　　ここに<u>あります</u>。

② 서울에 친구가 ┊┊┊┊┊┊┊┊┊┊ ?　　ソウルに友達が<u>いますか</u>?

③ 아무도 ┊┊┊┊┊┊┊┊ ?　　　　誰も<u>いませんか</u>?

④ 그것은 지금 ┊┊┊┊┊┊┊┊ .　　それは今<u>ありません</u>。

【練習2】 次の文を訳してください。　🔊 080

① 何がありますか?　　┊┊┊┊┊┊┊┊┊┊┊┊

② 誰がいますか?　　　┊┊┊┊┊┊┊┊┊┊┊┊

③ 人がいません。　　　┊┊┊┊┊┊┊┊┊┊┊┊

④ コンビニがありません。　┊┊┊┊┊┊┊┊┊┊

1 次の単語につけるのに適切なものに○をつけてください。　　🔊 081

① 한 시에 수업가/이 있어요/없어요.　　1時に授業があります。

② 몇 시에 약속가/이 있어요/없어요?　　何時に約束がありますか？

③ 지금은 자리가/이 있어요/없어요.　　今は席がありません。

④ 한국에 친구가/이 있어요/없어요?　　韓国に友達がいませんか？

2 日本語文の下線部分にあたる表現を ⬚ に書き入れてください。　🔊 082

① [⬚⬚⬚⬚⬚]이에요.　　<u>1時50分</u>です。

② 고양이[⬚][⬚].　　猫<u>が3匹います</u>。

③ 올해 [⬚⬚⬚]이에요?　　今年、<u>21歳</u>ですか？

④ 오후에 수업[⬚][⬚]?　　午後に授業<u>がありませんか</u>？

3 次の文を訳してください。　　🔊 083

① チケットが2枚あります。　　[⬚⬚⬚⬚⬚⬚⬚]

② 日本に友達がいませんか？　　[⬚⬚⬚⬚⬚⬚⬚]

③ ちょっと予定があります。　　[⬚⬚⬚⬚⬚⬚⬚]

④ いつ時間がありますか？　　[⬚⬚⬚⬚⬚⬚⬚]

＊＊＊この課の単語と表現＊＊＊ 🔊 084

明日	내일	ソウル	서울
いいえ	아뇨	そこ	거기
いつ	언제	それ	그것
今	지금	誰	누구
映画	영화	誰も	아무도
会議	회의	チケット	티켓
学生	학생	ちょっと、少し	좀
韓国	한국	友達	친구
ここ	여기	何	뭐
午後	오후	なので、それなので	그래서
今年	올해	日本	일본
コンビニ	편의점	猫	고양이
時間	시간	人	사람
授業	수업	約束	약속
趣味	취미	予定	예정
席	자리	旅行	여행

＊＊＊使ってみよう、色々な表現！＊＊＊ 🔊 085

さようなら。
안녕히 가세요.

（その場から去る人に対して）

さようなら。
안녕히 계세요.

（その場に残る人に対して）

2つの「です・ます」体

　韓国語の「～です、ます」体には「합니다（ハムニダ）体」と「해요（ヘヨ）体」の2種類があります。これはどちらも丁寧な表現ですが、次のような違いがあります。

합니다（ハムニダ）体　（※第12課参照）

　⇒ フォーマルな印象を与え、かしこまった場面やアナウンス、案内文などで多様される。形の上では、입니다、습니다、입니까?、습니까? などで終わる。

해요（ヘヨ）体　（※第7、8、9課参照）

　⇒ やわらかい印象を与え、会話などで多様される。形の上では、이에요、예요などのように요で終わる。

次の文で、2つの文体にした場合の形の違いを見てみましょう。

합니다（ハムニダ）体	해요（ヘヨ）体
안녕하십니까? こんにちは。	안녕하세요?
반갑습니다. お会いできてうれしいです。	반가워요.
저는 ○○○○입니다. 私は○○○○です。	저는 ○○○○예요/이에요.
있습니다. あります。（います）	있어요.
없습니다. ありません。（いません）	없어요.
한국어를 공부합니다. 韓国語を勉強します。	한국어를 공부해요.

　합니다（ハムニダ）体と해요（ヘヨ）体は2つとも丁寧な形であるため、どちらの文体を使っても「です・ます体」であることには変わりがありません。初対面の場合や、ビジネスなどでは합니다体を使い、日常会話では해요体を使うというように、その場面や相手との距離感などに応じて2つの文体を使い分けているのです。

日本語に明朝体やゴシック体のような書体があるように、韓国語にも何種類もの書体があり、それによって文字が異なるように見えてしまうことがあります。

上の文字は上下とも同じ文字を違う書体で書いたものです。特に①～⑤は、書体によって違う形に見えますが同じ文字です。

① 사・사
② 아・아
③ 자・자
④ 차・차
⑤ 하・하

手書きの際には「ㅅ」は漢字の「人（ひと）」のように、「ㅈ」はカタカナの「ス」のように書きます。

아や하の丸の部分は、書体によっては上にへたような点がついて飛び出しているように見えますが、単純な丸（ㅇ）で書きます。ㅎの丸の上の部分も書体によって縦に見えたりもしますが、漢字の鍋蓋のように横棒の上に点を斜めに打つだけで大丈夫です。

これらのような違いは、
ひらがなでの「さ」と「さ」、
「そ」と「そ」のようなものです。

「〜します」「〜です」ヘヨ体①、〜を、疑問詞②

🔊 086

Ⓐ 여기는 **뭐**가 **맛있어요**?

ここは何がおいしいですか？

Ⓑ 저는 여기서는 삼계탕**을** 매번 **먹어요**.

私はここではサムゲタンを毎回食べます。

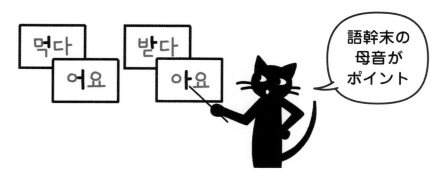

먹다 / 어요
받다 / 아요

語幹末の
母音が
ポイント

◆ この課のポイント ◆

❶ 「食べます」「おいしいです」のような、「〜します」「〜です」という表現が使えるようになる。

❷ 「これを」「食べ物を」のような「〜を」という表現が使えるようになる。

❸ 「何」「どこ」「どのように」などの、疑問詞が使えるようになる。

① 「〜します」「〜です」ヘヨ体 ❶

ここでは「食べます」「多いです」のような「〜です」「〜ます」という表現を見ていきます。この「〜です」「〜ます」という表現には大まかに分けて3つのパターンがあります。

> **パターン1** 柔らかな丁寧形。해요(ヘヨ)体。語幹の最後にパッチム有。（この課で学習）
> **パターン2** 柔らかな丁寧形。해요(ヘヨ)体。語幹の最後にパッチム無。（8課で学習）
> **パターン3** フォーマルな丁寧形。합니다(ハムニダ)体（12課で学習）

まず、ここではパターン1について見ていきましょう。代表例は、먹다（食べる）→ 먹어요（食べます）です。作り方は、次の手順のようになります。

> **手順1** 基本形から、最後の「다」を取る。＝ 語幹
> **手順2** 「語幹」（手順1の形）の最後が ① パッチム有 の場合で
> ⇒ ①「語幹」の最後の母音が「ㅏ, ㅗ, ㅑ」⇒ 語幹の後ろに 아요 をつける
> ⇒ ②「語幹」の最後の母音が「ㅏ, ㅗ, ㅑ」以外 ⇒ 語幹の後ろに 어요 をつける

例 ① 받다（もらう）→ 받 + 아요 = 받아요（もらいます） 🔊 087
　 ② 먹다（食べる）→ 먹 + 어요 = 먹어요（食べます）

練習1 次の単語につけるのに適切なものに○をつけてください。 🔊 088

① 살다　住む、暮らす　　살아요/어요　住みます、暮らします
② 좋다　良い、いい　　　좋아요/어요　良いです、いいです
③ 있다　ある、いる　　　있아요/어요　あります、います
④ 없다　ない、いない　　없아요/어요　ありません、いません

練習2 次の文を訳してください。 🔊 089

① 受け取ります。　（받다）
② 作ります。　　　（만들다）
③ 多いですか？　　（많다）
④ 着ますか？　　　（입다）

② ～を

「ここを」「食べ物を」のように、名詞などの単語について「～を」というときには、次のようになります。

前の単語の最後に

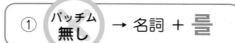

・②の場合には連音化（16、82ページ参照）が起こり、음식을（食べ物を）は［음시글］と発音されます。

練習1　次の単語につけるのに適切なものに〇をつけてください。　🔊 091

① 커피를/을　コーヒーを

② 식사를/을　食事を

③ 시간를/을　時間を

④ 선물를/을　プレゼントを

練習2　次の単語に를/을のどちらか適切なものをつけて書き、文を完成させてください。　🔊 092

① 거기　そこ　┈┈┈┈┈┈┈┈┈┈┈┈　そこを

② 영화　映画　┈┈┈┈┈┈┈┈┈┈┈┈　映画を

③ 약속　約束　┈┈┈┈┈┈┈┈┈┈┈┈　約束を

④ 여행　旅行　┈┈┈┈┈┈┈┈┈┈┈┈　旅行を

③ 疑問詞 ❶

「何」「どこ」「どのように」「いつ」などの、疑問詞について見てみましょう。 ◀)) 093

| 何 **무엇(뭐)** | どこ **어디** |

| どのように、どうやって **어떻게** | いつ **언제** |

・뭐は무엇の縮約形で、会話などを中心に使われます。
・「これは何ですか?」や「トイレはどこですか?」のような 疑問詞 の入っている疑問文の際には、日本語の「～は」に当たる部分に通常は -이/가 (直訳「～が」) が使われます。
例 이름이 뭐예요? (名前は何ですか?)

練習1 日本語文の下線部分にあたる表現を ▢ に書き入れてください。 ◀)) 094

① _____ 에 있어요?　どこにありますか?
② _____ 가 있어요?　何がありますか?
③ _____ 먹어요?　どうやって食べますか?
④ _____ 예요?　いつですか?

練習2 次の文を訳してください。 ◀)) 095

① どこですか?
② 何が良いですか?
③ いつ食べますか?
④ どうやって作りますか?

1 次の単語につけるのに適切なものに○をつけてください。　🔊 096

① 드라마를/을　　ドラマを

② 가족를/을　　家族を

③ 많아요/어요.　　多いです。

④ 읽아요/어요?　　読みますか？

2 日本語文の<u>下線部分</u>にあたる表現を［　　　　］に書き入れてください。　🔊 097

① 읽다　　読む　　어떻게 ［　　　　　　］?　　どうやって<u>読みますか</u>？

② 만들다　作る　　무엇 ［　　　　　　］?　　<u>何を</u>作りますか？

③ 받다　　もらう　선물 ［　　　　　　］.　　プレゼント<u>をもらいます</u>。

④ 있다　　ある　　뭐가 ［　　　　　　］?　　何が<u>ありますか</u>？

3 次の文を訳してください。　🔊 098

①これは<u>大丈夫</u>ですか？　［　　　　　　　　　　　　　］

②メールを<u>受け取ります</u>。　［　　　　　　　　　　　　　］

③<u>とても</u>おいしいです。　［　　　　　　　　　　　　　］

④<u>メールアドレス</u>を知っていますか？　［　　　　　　　　　　　　　］

＊＊＊この課の単語と表現＊＊＊ 099

名詞など			
映画	영화	とても	아주
家族	가족	ドラマ	드라마
コーヒー	커피	プレゼント	선물
ここ	여기	毎回	매번
ここで	여기서	メール	메일
サムゲタン	삼계탕	メールアドレス	메일 주소
時間	시간	約束	약속
食事	식사	旅行	여행
そこ	거기	私	저
食べ物	음식		

動詞・形容詞など			
ある、いる	있다	住む、暮らす	살다
良い、いい	좋다	大丈夫だ	괜찮다
受け取る、もらう	받다	食べる	먹다
おいしい	맛있다	作る	만들다
多い	많다	ない、いない	없다
着る	입다	読む	읽다
知る、わかる	알다		

＊＊＊使ってみよう、色々な表現！＊＊＊ 100

大丈夫です。
괜찮아요.

おいしいです。
맛있어요.

第8課

「～します」「～です」へヨ体②、～で（場所）、疑問詞②

101

A 몇 시에 회사를 나가요?

何時に会社を出ますか？

1時半です。
空港でお客様に
会います。

B 한 시 반이에요.
공항에서 손님을 만나요.

語幹の形の **나가** に
そのまま **요** をつけるよ

나가다 아요

나가 요

◆ この課のポイント ◆

❶「会社で」「ソウルで」のような場所を表す「～で」という表現が使えるようになる。

❷「行きます」「会います」のような、「～します」「～です」という表現が使えるようになる。

❸「いくつ」「いくら」「なぜ」「誰」などの、疑問詞が使えるようになる。

① 「〜します」「〜です」ヘヨ体 ❷

　ここでは、 7課で見た柔らかな丁寧形であるヘヨ体の語幹の最後にパッチム無いパターン（その1）について見ていきましょう。

　このパターンの代表例は、가다（行く）→ 가요（行きます）です。作り方は、次の手順のようになります。

手順1　用言の基本形から、最後の「다」を取る。＝ 語幹

手順2　「語幹」の最後が ② パッチム 無 の場合で
　　　　⇒ ①「語幹」の最後の母音が「ㅏ, ㅓ, ㅕ, ㅐ, ㅔ」※
　　　　　　⇒ 語幹と同じ形に 요 をつける　（※それ以外については9課で。）
　　　　⇒ ②「하다」がつく用言 ⇒「하다」の部分を 해요 にする

例　**가다**（行く）→ **가**요（行きます）　　　🔊 102
　　하다（する）→ **해**요（します）

・文末の「．」を「？」に変えると疑問文になります。

練習1　次の単語を「〜します、 〜です」の形にしてください。　🔊 103

① 비싸다　（値段が）高い　→ 　　　　　　　　　高いです
② 준비하다　準備する　　→ 　　　　　　　　　準備します
③ 켜다　　　点ける　　　→ 　　　　　　　　　点けます
④ 내다　　　出す　　　　→ 　　　　　　　　　出します

練習2　次の文を訳してください。　🔊 104

① 安いです。
② 買います。
③ 会いますか？
④ 送りますか？

② ～で（場所）

「ソウルで」「会社で」のように、場所について「～で」というときには、次のようになります。

場所 + 에서

🔊 105

これは前の単語の最後にパッチムがあってもなくても形は変わりません。

例　서울에서　ソウルで　　회사에서　会社で

・「ソウルで」の場合には連音化（16、82 ページ参照）が起こり、서울에서（ソウルで）は［서우레서］と発音されます。

【練習1】　次の単語に「～で」にあたる表現をつけて書き、発音してみましょう。　🔊 106

① 일본　日本　　　　　　　　　日本で
② 한국　韓国　　　　　　　　　韓国で
③ 어디　どこ　　　　　　　　　どこで　　※これを縮約した「어디서」の形でも使われます。
④ 거기　そこ　　　　　　　　　そこで　　※これを縮約した「거기서」の形でも使われます。

【練習2】　次の文を訳してください。　🔊 107

① 韓国で
② 私の横で
③ 家で
④ 食堂で

③ 疑問詞 ❷

「いくつ」「いくら」「なぜ」「誰」などの、疑問詞について見てみましょう。

🔊 108

| いくつ、何（なん） 몇 | いくら 얼마 |

| なぜ、どうして 왜 | 誰 누구 |

・누구（誰）は、「誰が」というときには누가という形になります。（×누구가）

【練習1】 日本語文の下線部分にあたる表現を 　　　 に書き入れてください。　🔊 109

① [　　　] 예요?　いくらですか？
② [　　　] 요?　どうしてですか？
③ [　　　] 개 있어요?　何個ありますか？
④ [　　　] 예요?　誰ですか？

【練習2】 次の文を訳してください。　🔊 110

① このカバン、いくらですか？　[　　　]
② 誰を知っていますか？　[　　　]
③ どうしてするのですか？　[　　　]
④ 誰が良いですか？　[　　　]

1 次の単語を「〜します、〜です」という形にした場合の答えとして適切なものに
　　○をつけてください。　　　🔊 111

① 타다　　　乗る　타아요/타요　　　　　乗ります

② 사다　　　買う　사아요/사요　　　　　買います

③ 운동하다　運動する　운동해요/운동하요　運動します

④ 펴다　　　開く　펴어요/펴요　　　　　開きます

2 日本語文の下線部分にあたる表現を　　　　に書き入れてください。　🔊 112

① 사다　　買う　　편의점 ⬚ ⬚ ?　　コンビニで買いますか？

② 만나다　会う　　⬚ 를 ⬚ ?　　　　誰に会いますか？

③ 　　　　　　　　그것은 ⬚ 예요?　　それはいくらですか？

④ 가다　　行く　　⬚ ⬚ ?　　　　　　どうして行くのですか？

3 次の文を訳してください。　🔊 113

① どうして書類を出すのですか？　⬚

② ここを何時に出発しますか？　　⬚

③ これを何個買いますか？　　　　⬚

④ どこで会いますか？　　　　　　⬚

＊＊＊この課の単語と表現＊＊＊

名詞など 🔊 114

家	집	食堂	식당
お客様	손님	書類	서류
会社	회사	ソウル	서울
カバン	가방	そこ	거기
韓国	한국	それ	그것
空港	공항	どこ	어디
個	개	何（なん）［数詞・数量］	몇
ここ	여기	日本	일본
これ	이것	半	반
コンビニ	편의점	私の隣、私の横	제 옆

動詞・形容詞など 🔊 115

会う	만나다(-를/을 만나다で「～に会う」)	知る、わかる	알다
ある、いる	있다	する	하다
良い、いい	좋다	（値段が）高い	비싸다
行く	가다	出す	내다
運動する	운동하다	点ける	켜다
送る	보내다	出る	나가다
買う	사다	乗る	타다
出発する	출발하다	開く	펴다
準備する	준비하다	安い	싸다

＊＊＊使ってみよう、色々な表現！＊＊＊ 🔊 116

おもしろいです。
재미있어요.

いくらですか？
얼마예요?

第9課

「〜します」「〜です」へヨ体③、〜に（人・生き物）、〜してください

🔊 117

A 오늘 한국에서 친구가 와요. 친구는 서울에서 학생들에게 일본어를 가르쳐요.

今日、韓国から
友だちが来るんです。
友達はソウルで
学生たちに
日本語を教えています。

그래요? 저에게도 그 친구를 소개해 주세요. **B**

そうなんですか?
私にも、その友達を
紹介してください。

가르치다
＋ 어요
↓
가르쳐요

｜と｜が
圧縮されて
ㅕ！！！

BOM!

┄┄┄┄┄┄┄┄ ◆ この課のポイント ◆ ┄┄┄┄┄┄┄┄

❶「来ます」「教えます」のような、「〜します」「〜です」という表現が使えるようになる。

❷「私に」「学生に」のような人に対する「〜に」という表現が使えるようになる。

❸「紹介してください」のような「〜してください」という表現が使えるようになる。

58 |

① 「～します」「～です」ヘヨ体❸

ここでは、柔らかな丁寧形であるヘヨ体の語幹の最後にパッチム無いパターン（その2）について見ていきましょう。このパターンの代表例は、오다（来る）→ 와요（来ます）です。

手順1 用言の基本形から、最後の「다」を取る。＝ 語幹

手順2 「語幹」の最後が ② パッチム 無 の場合で
⇒「語幹」の最後の母音が「ㅗ, ㅜ, ㅣ, ㅚ」
⇒ それぞれの母音を ㅘ, ㅝ, ㅕ, ㅙ にしてから 요 をつける

基本形　　語幹　　→①語幹の最後にパッチムが無い　　🔊118

例 **오다**（来る）→ **오** → **와** → **와요**（来ます）
　　　　　　　　　　↳②語幹の最後にある母音が ㅗ→ㅘ になる

배우다（習う）→ **배우** → **배워** → **배워요**（習います）
　　　　　　　　　　　　　↳②語幹の最後にある母音が ㅜ→ㅝ になる
　　　　　　　　　↳①語幹の最後にパッチムが無い

- 今回見ている語幹末にパッチムがない場合でも、要素としては語幹に −아/−어がついているのですが、오다（来る）が 와요（来ます）の例でいうと、語幹の오の母音ㅗのすぐ後ろに母音の아が来ているので、これらが合わさり와になります。この「ㅗ、ㅜ、ㅣ、ㅚ」は、後ろに続く−아/−어と合わさって「ㅗ+ㅏ → ㅘ」、「ㅜ+ㅓ → ㅝ」、「ㅣ+ㅓ → ㅕ」、「ㅚ+ㅓ → ㅙ」となります。
- 文末の「.」を「?」に変えると疑問文になります。

練習1 次の単語を「～します、～です」の形にしてください。　🔊119

① 보다　見る　→ _____　見ます

② 마시다　飲む　→ _____　飲みます

③ 세우다　数える　→ _____　数えます

④ 되다　なる　→ _____　なります

② 〜に（人・生き物）

「友達に」「私に」のように、人や生き物について「〜に」というときには、次のようになります。

$$人・生き物 + 에게 \qquad 人・生き物 + 한테$$

・これは、前の単語の最後にパッチムがあってもなくても形は変わりません。
・主に、−에게は書き言葉で、−한테は話し言葉で使われます。

例 **친구**에게 友達に　　**저**에게 私に　　　　　　🔊 120

練習1　次の単語に「〜に」にあたる表現をつけて書き、発音してみましょう。（−에게、−한테の両方を使ってみてください）　🔊 121

① 학생	学生		学生に		学生に
② 사람	人		人に		人に
③ 누구	誰		誰に		誰に
④ 선생님	先生		先生に		先生に

練習2　次の文を訳してください。（−에게、−한테の両方を使ってみてください）　🔊 122

① 先輩に

② 後輩に

③ 弟に

④ 妹に

③ 〜してください

　ここでは「見せてください」や「行ってください」のような「〜してください」という表現について見ていきましょう。作り方は、次の３つのパターンに分かれます。　🔊 123

> **手順1**　用言の基本形から、最後の「다」を取る。＝語幹（※ここはすべてのパターンで共通）

> **手順2**　**パターン1**　「語幹」の最後が ① パッチム有 の場合で
> 　　⇒ ①「語幹」の最後の母音が「ㅏ, ㅗ, ㅑ」の場合
> 　　　　⇒ 語幹の後ろに 아 주세요 をつける
> 　　⇒ ②「語幹」の最後の母音が「ㅏ, ㅗ, ㅑ」以外の場合
> 　　　　⇒ 語幹の後ろに 어 주세요 をつける
>
> 　**パターン2**　「語幹」の最後が ② パッチム無 の場合で
> 　　⇒ ③「語幹」の最後の母音が「ㅏ, ㅓ, ㅕ, ㅐ, ㅔ」の場合
> 　　　　⇒ 語幹と同じ形に 주세요 をつける
> 　　⇒ ④「語幹」の最後の母音が「ㅗ, ㅜ, ㅣ, ㅚ」の場合
> 　　　　⇒ その母音を ㅘ, ㅝ, ㅕ, ㅙ にしてから 주세요 をつける
>
> 　**パターン3**　⑤「하다」がつく用言の場合 ⇒ 하다 の部分を 해 주세요 にする

例　① 받다（もらう）　→ 받 ＋ 아 주세요 ＝ 받아 주세요（もらってください）
　　② 입다（着る）　　→ 입 ＋ 아 주세요 ＝ 입어 주세요（着てください）

・文末のの「.」を「?」に変えると疑問文になります。

練習1　次の単語につけるのに適切なものに○をつけてください。　🔊 124

① 찾다　　探す　　찾아 주세요／어 주세요　　探してください
② 만들다　作る　　만들아 주세요／어 주세요　　作ってください
③ 읽다　　読む　　읽아 주세요／어 주세요　　読んでください
④ 웃다　　笑う　　웃아 주세요／어 주세요　　笑ってください

＊＊＊まとめのドリル＊＊＊

1 次の単語を「〜します、〜です」という形にした場合の答えとして適切なものに
○をつけてください。　🔊 125

① **돌아보다**　振り返る　돌아봐요/돌아뭐요　振り返ります

② **다니다**　通う　다니어요/다녀요　通います

③ **키우다**　育てる　키우어요/키워요　育てます

④ **안 되다**　ダメだ　안 되요/안 돼요　ダメです

2 日本語文の<u>下線部分</u>にあたる表現を［　　　］に書き入れてください。　🔊 126

① **주다**　あげる　친구［　　　］선물을［　　　　　　］.
友達<u>に</u>プレゼントを<u>あげます</u>。

② **기다리다**　待つ　좀더［　　　　　　　　］.
もう少し<u>待ってください</u>。

③ **준비하다**　準備する　빨리［　　　　　　　　］.
はやく<u>準備してください</u>。

④ **오다**　来る　누가［　　　　　］?
誰が<u>来ますか</u>？

3 次の文を訳してください。　🔊 127

① 一緒に<u>行ってください</u>。　［　　　　　　　　　　　　　　　　　］

② 私にも<u>教えてください</u>。　［　　　　　　　　　　　　　　　　　］

③ もう一度、<u>発音してください</u>。　［　　　　　　　　　　　　　　　　　］

④ はやく<u>来てください</u>。　［　　　　　　　　　　　　　　　　　］

＊＊＊この課の単語と表現＊＊＊

名詞など			🔊 128
一緒に	같이	達	들
妹	여동생	誰	누구
弟	남동생	どのくらい	얼마나
学生	학생	友達	친구
韓国	한국	日本語	일본어
今日	오늘	はやく	빨리
後輩	후배	もう少し	좀더
時間	시간	人	사람
先生	선생님	プレゼント	선물
先輩	선배	〜も	도
ソウル	서울	私	저
その	그		

動詞・形容詞など			🔊 129
あげる	주다	ダメだ	안 되다
行く	가다	作る	만들다
受け取る、もらう	받다	習う	배우다
教える	가르치다	なる	되다
かかる	걸리다	〜になる	이/가 되다
数える	세우다	飲む	마시다
通う	다니다	発音する	발음하다
着る	입다	振り返る	돌아보다
来る	오다	待つ	기다리다
探す	찾다	見せる	보이다
準備する	준비하다	見る	보다
紹介する	소개하다	もう一度	다시 한 번
信じる	믿다	読む	읽다
そうなんですか?	그래요?	連絡する	연락하다
育てる	키우다	笑う	웃다

＊＊＊使ってみよう、色々な表現！＊＊＊　🔊 130

○○ください。○○ 주세요.

お会計お願いします。계산해 주세요.

第10課

否定形「〜しません」、好きです・嫌いです、 〜したいです

(◀) 131

A 영화를 좋아해요?

映画が好きですか？

네. 근데 공포 영화는 **안** 좋아해요.
재미있는 것을 보고 싶어요. **B**

はい。 でも、 ホラー映画は好きではありません。
おもしろいのを見たいです。

◆ この課のポイント ◆

❶ 否定を表す形の1つの안を使った「行きません」「忙しくありません」のような、「〜しません」
という否定の表現が使えるようになる。

❷「映画が好きです」のような「〜が好きです・嫌いです」という表現が使えるようになる。

❸「食べたいです」のような「〜したいです」という表現が使えるようになる。

① 안を使った否定形「～しません」

否定を表す形の1つの안を使った否定形は、7, 8, 9課で見た「～します・です」という
形の前に안をつけて作ります。 🔊 132

안 + 用言

먹어요　食べます　→　안 + 먹어요.　食べません

가요　　行きます　→　안 + 가요.　　行きません

※하다のつく動詞の否定形

전화하다（電話する）や준비하다（準備する）のように、하다（する）と前の名詞の部分を
分けられる動詞の場合には、「名詞」と「하다」の間に안を置きます。

전화해요　電話します　→　전화 안 해요　電話しません　（×안 전화해요）

준비해요　準備します　→　준비 안 해요　準備しません　（×안 준비해요）

間に「안」を
入れる

있다（ある、いる）と없다（ない、いない）と、알다（知る、わかる）と모르다（知らない、
わからない）のように反対の意味の言葉がある場合には、否定の안が使われないことが多く
あります。

練習1　次の単語を、안を使った否定形で「～しません」という形にして 🔊 133
ください。

① 만나다　会う　→　┈┈┈┈┈┈┈┈　会いません

② 오다　　来る　→　┈┈┈┈┈┈┈┈　来ません

③ 하다　　する　→　┈┈┈┈┈┈┈┈　しません

④ 말하다　言う　→　┈┈┈┈┈┈┈┈　言いません

練習2　次の文を、안を使った否定形で訳してください。 🔊 134

① 良くありません。　　┈┈┈┈┈┈┈┈┈┈┈┈

② 連絡しないのですか？　┈┈┈┈┈┈┈┈┈┈┈┈

2 「〜が好きです」「〜が嫌いです」

ここでは、「韓国料理が好きです」のような「〜が好きです」「〜が嫌いです」という表現について見ていきましょう。

「〜が好きです」「〜が嫌いです」という形の作り方は、次のようになります。

名詞の
最後に

① パッチム **無し** + 를 좋아해요 　　　　　🔊 **135**

例 **한국 드라마**를 좋아해요.　韓国ドラマが好きです。

② パッチム **有り** + 을 좋아해요

例 **케이 팝**을 좋아해요.　K-POPが好きです。

パッチム有

・日本語では「〜が好きです」のように好き嫌いを言う際には「〜が」を使いますが、ここでは −를/−을（直訳は「〜を」）を使います。
・「〜が嫌いです」は −를/을 싫어해요 となります。
・文末の「.」を「?」に変えると疑問文になります。

【練習1】 **次の単語につけるのに適切なものに○をつけてください。**　　🔊 **136**

① **커피**를 좋아해요/을 좋아해요.　　　コーヒーが好きです

② **누구**를 좋아해요/을 좋아해요?　　　誰が好きですか？

③ **삼계탕**를 좋아해요/을 좋아해요.　　サムゲタンが好きです

④ **이 음악**를 좋아해요/을 좋아해요.　　この音楽が好きです

【練習2】 **次の文を訳してください。**　　🔊 **137**

① 旅行が好きです。

② 猫が好きです。

③ 何が好きですか？

④ その歌が好きですか？

③ 〜したいです

ここでは「食べたいです」や「行きたいです」のような「〜したいです」という表現について見ていきます。

「〜したいです」という形の作り方 🔊 138

手順1 基本形から、最後の「다」を取る。= 語幹

手順2 語幹の後ろに 고 싶어요 をつける

例 **가다** 行く → **가고 싶어요.** 行きたいです。

먹다 食べる → **먹고 싶어요.** 食べたいです。

・この場合は語幹の最後にパッチムがあってもなくても、続く形は変わりません。
・文末の「.」を「?」に変えると疑問文になります。

練習1 次の単語を「〜したいです」の形にしてください。 🔊 139

① **보다** 見る → _____ 見たいです

② **하다** する → _____ したいです

③ **만나다** 会う → _____ 会いたいです

④ **만들다** 作る → _____ 作りたいです

練習2 次の文を訳してください。 🔊 140

① どこに行きたいですか？ _____

② 何を食べたいですか？ _____

③ これを買いたいです。 _____

④ はやく会いたいです。 _____

1 次の表現を안を使った否定形にした場合の答えとして適切なものに○をつけてください。　🔊 **141**

① 식사해요　　a. 안 식사해요　　b. 식사 안 해요
食事します　　　食事しません

② 시간이 걸려요　　a. 안 시간이 걸려요　　b. 시간이 안 걸려요
時間がかかります　　　時間がかかりません

③ 연락해요　　a. 안 연락해요　　b. 연락 안 해요
連絡します　　　連絡しません

④ 드라마를 봐요　　a. 드라마를 안 봐요　　b. 안 드라마를 봐요
ドラマを見ます　　　ドラマを見ません

2 日本語文の下線部分にあたる表現を　　　　　に書き入れてください。　🔊 **142**

① 매운 음식 [　　　] [　　　].　　辛い食べ物が好きです。

② 커피를 [　　　] [　　　].　　コーヒーを飲みたいです。

③ 거기에 [　　　] [　　　].　　そこに行きたいです。

④ 무엇 [　　] 가장 [　　　]?　　何が一番好きですか？

3 次の文を訳してください。　🔊 **143**

① 一緒に写真を撮りたいです。　[　　　　　　　　　]

② それは買いません。　[　　　　　　　　　]

③ 何を飲みたいですか？　[　　　　　　　　　]

④ 私もその歌が好きです。　[　　　　　　　　　]

＊＊＊この課の単語と表現＊＊＊

名詞など 🔊 144

あの	저	そこ	거기
一番、最も	가장	その	그
一緒に	같이	それ	그것
歌	노래	誰	누구
映画	영화	でも	근데
おもしろいもの	재미있는 것	どこ	어디
音楽	음악	何	무엇
K-POP	케이 팝	猫	고양이
辛い食べ物	매운 음식	はい	네
韓国ドラマ	한국 드라마	はやく	빨리
コーヒー	커피	ホラー映画	공포 영화
この	이	見る	보다
これ	이것	〜も	도
サムゲタン	삼계탕	旅行	여행
写真	사진		

動詞・形容詞など 🔊 145

会う	만나다	好きだ、好む	좋아하다
良い、いい	좋다	する	하다
言う、話す	말하다	食べる	먹다
行く	가다	作る	만들다
買う	사다	電話する	전화하다
来る	오다	撮る	찍다
時間がかかる	시간이 걸리다	飲む	마시다
準備する	준비하다	見る	보다
食事する	식사하다	連絡する	연락하다

＊＊＊使ってみよう、色々な表現！＊＊＊ 🔊 146

（人を呼び止めるときなどの）
すみません。 저기요.
あるいは 　　 여기요.

（謝るときの）
すみません。 미안합니다.
あるいは 　　 죄송합니다.

過去形、〜から…まで、〜なさってください（尊敬）

🔊 147

A 어, 피곤하세요? 여기 앉으세요.
어제는 공부 많이 했어요?

あれ、 お疲れですか？ ここにお座りください。
昨日は勉強たくさんしたんですか？

네. 여섯 시부터 열한 시까지 했어요. **B**

はい。 6時から11時までしました。

◆ この課のポイント ◆

❶ 「食べました」「多かったです」のような「〜でした」「〜ました」という過去を表す表現が使えるようになる。

❷ 「1時から2時まで」や「東京駅まで行きます」のような「〜から」「〜まで」という表現が使えるようになる。

❸ 「またいらしてください」や「お受け取りください」のような尊敬の表現が使えるようになる。

① 過去形

　ここでは「食べました」「もらいました」のような「〜でした」「〜ました」という過去を表す表現を見ていきます。作り方は、次の手順のようになります。

手順1 　用言の基本形から、最後の「다」を取る。＝ 語幹

手順2 　「語幹」の最後が ① パッチム㈲ の場合で

　　　⇒ ①「語幹」の最後の母音が「ㅏ, ㅗ, ㅑ」

　　　　⇒ 語幹の後ろに 았어요 をつける

　　　⇒ ②「語幹」の最後の母音が「ㅏ, ㅗ, ㅑ」以外

　　　　⇒ 語幹の後ろに 었어요 をつける

　　　「語幹」の最後が ② パッチム㈲ の場合で

　　　⇒ ③「語幹」の最後の母音が「ㅏ, ㅓ, ㅕ, ㅐ, ㅔ」

　　　　⇒ 語幹と同じ形に 써어요 をつける

　　　⇒ ④「語幹」の最後の母音が「ㅗ, ㅜ, ㅣ, ㅚ」

　　　　⇒ その母音を ㅘ, ㅝ, ㅕ, ㅙ にしてから 써어요 をつける

　　　⇒ ⑤「하다」がつく用言

　　　　⇒ 「하다」の部分を 했어요 にする　　　🔊148

例 ① **받다** もらう → **받** 　＋ 았어요 ＝ 받 았어요 （もらいました）

　② **먹다** 食べる → **먹** 　＋ 었어요 ＝ 먹 었어요 （食べました）

　③ **가다** 行く → **가** 　＋ 써어요 ＝ 갔어요 （行きました）

　④ **오다** 来る → **오**→**와** ＋ 써어요 ＝ 왔어요 （来ました）

　⑤ **하다** する → **하**→**해** ＋ 써어요 ＝ 했어요 （しました）

練習1 　次の単語につけるのに適切なものに○をつけてください。　🔊149

① **살다** 　住む、暮らす 　살았어요/었어요 　住みました、暮らしました

② **좋다** 　良い、いい 　좋았어요/었어요 　良かったです

③ **있다** 　ある、いる 　있았어요/었어요 　ありました、いました

④ **없다** 　ない、いない 　없았어요/었어요 　ありませんでした、いませんでした

② 〜から…まで

「1時から2時まで」や「東京駅まで行きます」のような「〜から」「〜まで」というときには、次のようになります。

🔊 150

> 〜から（時間）+ **부터**　　〜まで（場所・時間）+ **까지**

これは前の単語の最後にパッチムがあってもなくても形は変わりません。

例 **한 시**부터 **두 시**까지　1時から2時まで

・「ソウルから来ました」のような場所についての「どこどこから」の「〜から」には -에서という形を使います。

🔊 151

練習1　日本語文の下線部分にあたる表現を　　　　に書き入れてください。

① 언제 [　　　　] 예요?　　　　　　いつまでですか？

② 몇 시 [　　　　] 예요?　　　　　　何時からですか？

③ 월요일 [　　　　] 금요일 [　　　　] 예요.　月曜日から金曜日までです。

④ 내일 [　　　　] 예요.　　　　　　明日までです。

🔊 152

練習2　次の文を訳してください。

① 3時から5時まで授業があります。

② 4月からソウルに行きます。

③ 何時から始まりますか？

④ どこまで行きますか？

③ ～なさってください、 ～なさいます（尊敬）

　ここでは、「またいらしてください」や「お受け取りください」のような尊敬の表現の作り方を見ていきます。韓国語では、日本語よりも尊敬の表現を多く使う傾向があります。

> ① 語幹末にパッチム㊓ ＋ 세요
>
> 例 오다（来る）　또 오세요.（またいらしてください）

> ② 語幹末にパッチム㊒ ＋ 으세요
>
> 例 받다（受け取る、もらう）　받으세요.（お受け取りください）

・文末の「.」を「?」に変えると「～なさいますか?」のような疑問文になります。

練習1　次の単語に「-으세요/-세요」の形をつける場合、適切なものに ◯ をつけてください。

① 하다　　する　　　　하으세요/세요　　なさってください、なさいます
② 좋다　　良い、いい　좋으세요/세요　　良いです、いいです
③ 괜찮다　大丈夫だ　　괜찮으세요/세요　大丈夫です
④ 없다　　ない、いない　없으세요/세요　ありません、いません

練習2　次の文を尊敬の「-으세요/-세요」の形を使って訳してください。

① どこに行かれますか？
② 時間がおありですか？
③ ここにおかけください。
④ 何、お探しですか？

1 次の表現を過去形にした場合の答えとして適切なものに○をつけてください。

① 보다　　　　　a. 봤어요　　　　　b. 뷔어요　　　🔊 156
　見る　　　　　　見ました

② 출발하다　　　a. 출발핬어요　　　b. 출발했어요
　出発する　　　　出発しました

③ 보내다　　　　a. 보냈아요　　　　b. 보냈어요
　送る　　　　　　送りました

④ 타다　　　　　a. 탔어요　　　　　b. 탔아요
　乗る　　　　　　乗りました

2 日本語文の下線部分にあたる表現を □□□□ に書き入れてください。　🔊 157

① 친구를 [　　　　　　　　].　　　友達に会いました。

② 커피를 [　　　　　　　　].　　　コーヒーを飲みました。

③ 저도 [　　　　　　　].　　　　　私も読みました。

④ 몇 개 [　　　　　　　　]?　　　何個、買いましたか？

3 次の文を訳してください。　🔊 158

① 写真をたくさん撮りました。　[　　　　　　　　　　]

② おいしいものを食べました。　[　　　　　　　　　　]

③ 何時まで時間がおありですか？　[　　　　　　　　　　]

④ いつから行かれますか？　[　　　　　　　　　　]

✻✻✻この課の単語と表現✻✻✻

名詞など			🔊 159
明日	내일	授業	수업
いつ	언제	ソウル	서울
おいしいもの	맛있는 것	たくさん、多く	많이
昨日	어제	どこ	어디
金曜日	금요일	友達	친구
月曜日	월요일	何 (なに)	뭐
～個	개	何 (なん)［数詞・数量］	몇
コーヒー	커피	はい	네
ここ	여기	勉強	공부
～時	시	見る	보다
時間	시간	～も	도
写真	사진	私	저

動詞・形容詞など			🔊 160
ある、いる	있다	座る	앉다
会う	만나다	大丈夫だ	괜찮다
良い、いい	좋다	食べる	먹다
行く	가다	疲れる	피곤하다
受け取る、もらう	받다	作る	만들다
多い	많다	撮る	찍다
送る	보내다	ない、いない	없다
買う	사다	～に会う	를/을 만나다
着る	입다	飲む	마시다
来る	오다	乗る	타다
探す	찾다	始まる	시작되다
出発する	출발하다	見る	보다
住む、暮らす	살다	読む	읽다
する	하다		

✻✻✻使ってみよう、色々な表現！✻✻✻ 🔊 161

お久しぶりです。
오래간만입니다.

お元気でしたか？
잘 지내셨어요?

第12課

【ハムニダ体】〜です、〜します・です、尊敬形

🔊 162

A 저기요. 지금 자리 있습니까?

あの。今、席ありますか?

申し訳ありません。
今、席がございません。
お待ちになりますか?

죄송합니다. 지금 자리가 없습니다.
기다리십니까? **B**

A 아뇨, 괜찮습니다. 감사합니다.

いいえ、大丈夫です。
ありがとうございます。

감사합니다

⋯⋯⋯⋯⋯⋯⋯⋯⋯⋯⋯ ◆ この課のポイント ◆ ⋯⋯⋯⋯⋯⋯⋯⋯⋯⋯⋯

　「します」や「大丈夫です」のような「〜します」「〜です」という形には、これまでに見てきた丁寧で柔ら
かな「ヘヨ体」と、丁寧でフォーマルな「ハムニダ体」という2つの文体があります。丁寧でフォーマルなハ
ムニダ体は、主に初対面や自己紹介などかしこまった場面などで使われます。

❶ 4課で見た「友達です」「旅行ですか?」などの、「〜です」「〜ですか?」をハムニダ体でも言えるようになる。

❷ 7、8、9課で見た「食べます」「おいしいです」のような、「〜します」「〜です」というヘヨ体の表現を、
　ハムニダ体でも言えるようになる。

❸ 11課で見た「お受け取りになります」のような「〜なさいます」という尊敬の表現を、ハムニダ体でも使
　えるようになる。

① 「～です」、「～ですか?」

「ここです」「旅行です」のように、名詞などの単語について「～です」と丁寧でフォーマルなハムニダ体でいうときには、次のようになります。

🔊 163

$$\boxed{\text{名詞 + 입니다}}$$

これは前の単語の最後にパッチムがあってもなくても形は変わりません。

例 **여기**입니다. ここです。

처음입니다. 初めてです。

- 입니다 (～です) は、[임니다] と発音されます。(83 ページ「鼻音化」参照)
- ②の場合には連音化 (16、82 ページ参照) と鼻音化が起こり、처 음입니 다 (初めてです) は [처으밈니다] と発音されます。
- 文末の「다.」を「까?」に変えると疑問文になります。

【練習1】 次の単語に **입니다** をつけて書き、「～です」という文を完成させてください。 🔊 164

① **거기**	そこ		そこです
② **영화**	映画		映画です
③ **일본**	日本		日本です
④ **한국**	韓国		韓国です

【練習2】 次の文を訳してください。 🔊 165

① ここです。

② 学生です。

③ どのカバンですか?

④ どの歌ですか?

ここでは「食べます」「多いです」のような「〜です」「〜ます」という表現のハムニダ体の作り方を見ていきます。

◀)) 166

語幹末に

① パッチム **無し** → 語幹 + **ㅂ니다**

例 **합**니다.　します。

② パッチム **有り** → 語幹 + **습니다**

例 **괜찮습**니다.　大丈夫です。

　　　　　パッチム有

・鼻音化（83ページ参照）が起こり습니다は［슴니다］と発音されます。

練習1　次の単語に-습니다あるいは-ㅂ니다をつけて書き、「〜します」　**◀)) 167**
「〜です」という文を完成させてください。

① 있다　　　ある、いる　　　　[　　　　　　]　あります、います
② 괜찮다　　大丈夫だ　　　　　[　　　　　　]　大丈夫です
③ 반갑다　　（会えて）嬉しい　[　　　　　　]　（会えて）嬉しいです
④ 감사하다　感謝する　　　　　[　　　　　　]　感謝します、ありがとうございます

練習2　次の文をハムニダ体で訳してください。　**◀)) 168**

① 3時から5時まで時間がありません。[　　　　　　　　]

② 4月からソウルに行きます。[　　　　　　　　]

③ 今、大丈夫ですか？[　　　　　　　　]

④ とてもおいしいです。[　　　　　　　　]

③ 尊敬形

ここでは、「お受け取りになります」のような「〜なさいます」という尊敬の表現のハムニダ体の作り方を見ていきます。

語幹末に

① パッチム **無し** + **십니다** 🔊169

例 **가다**（来る）　**가십니다.**（行かれます）

② パッチム **有り** + **으십니다**

例 **받다**（受け取る、もらう）

받으십니다.（お受け取りになります）

・십니다（〜です）は、［심니다］と発音されます。（83ページ「鼻音化」参照）
・②の場合には連音化（16、82ページ参照）と鼻音化が起こり、 **받으십니** 다（お受け取りになります）は［바드심니다］と発音されます。
・文末の「다.」を「까?」に変えると疑問文になります。

練習1 次の単語に「-으십니다/-십니다」の形をつける場合、適切なものに○をつけてください。 🔊170

① **하다**　　する　　　　　하으십니다/십니다　　なさいます
② **좋다**　　良い、いい　　좋으십니다/십니다　　良いです、いいです
③ **괜찮다**　大丈夫だ　　　괜찮으십니다/십니다　大丈夫です
④ **없다**　　ない、いない　없으십니다/십니다　　おありになりません

練習2 次の文を尊敬の「-으십니까?/-십니까?」の形を使って訳してください。 🔊171

① どこに行かれますか？
② 時間がおありですか？
③ 何時に出発されますか？
④ 何、お探しですか？

*** まとめのドリル ***

1 次の単語に「-습니다/-ㅂ니다」の形をつける場合、適切なものに○をつけてください。　🔊 172

① 하다　　する　　　　하습니다/ㅂ니다　　します

② 좋다　　良い、いい　　좋습니다/ㅂ니다　　良いです、いいです

③ 괜찮다　大丈夫だ　　괜찮습니다/ㅂ니다　　大丈夫です

④ 없다　　ない、いない　없습니다/ㅂ니다　　ありません

2 日本語文の下線部分にあたる表現をハムニダ体で[　　　]に書き入れてください。

① 한국은 [　　　　　　　　　　].　　韓国は初めてです。　🔊 173

② 커피 [　　　　　　　　　　]?　　コーヒーですか？

③ 저도 [　　　　　　　　　　].　　私も飲みます。

④ 어느 책을 [　　　　　　　　　　]?　　どの本を読みますか？

3 次の文をハムニダ体で訳してください。　🔊 174

① ここで待たれますか？　[　　　　　　　　　　　]

② お元気でいらっしゃいますか？　[　　　　　　　　　　　]

③ これも必要でいらっしゃいますか？　[　　　　　　　　　　　]

④ 誰が来られますか？　[　　　　　　　　　　　]

＊＊＊この課の単語と表現＊＊＊

名詞など			🔊 175
あの、すみません（呼びかけ）	저기요	ソウル	서울
いいえ	아뇨	そこ	거기
今	지금	誰が	누가
歌	노래	どこ	어디
映画	영화	とても	아주
学生	학생	どの	어느
カバン	가방	何（なに）	뭐
韓国	한국	何（なん）［数詞・数量］	몇
コーヒー	커피	日本	일본
ここ	여기	初めて	처음
これ	이것	本	책
～時	시	～も	도
時間	시간	私	저
席	자리		

動詞・形容詞など			🔊 176
ある、いる	있다	出発する	출발하다
良い、いい	좋다	する	하다
行く	가다	大丈夫だ	괜찮다
受け取る、もらう	받다	ない、いない	없다
（会えて）嬉しい	반갑다	飲む	마시다
おいしい	맛있다	必要だ	필요하다
感謝する、ありがたい	감사하다	待つ	기다리다
来る	오다	申し訳ない	죄송하다
元気だ	안녕하다	読む	읽다
探す	찾다		

＊＊＊使ってみよう、色々な表現！＊＊＊   🔊 177

また会いましょう。
또 만나요.

またお目にかかります。
또 뵙겠습니다.

発音変化

1 有声音化

子音のㄱ、ㄷ、ㅂ、ㅈは、語中（2文字目以降）では濁音で発音されます。これを有声音化といいます。

부**부** （夫婦）→ 一文字ずつの発音は「pu」「pu」 📢 178

  ↑ ↑   しかし、2文字目の부は語中なので濁って「**b**u」と発音

語頭 語中   ⇒ 発音は [pu**b**u] となる。

子音はいくつもありますが、語中で濁音になるのはこの ㄱ、ㄷ、ㅂ、ㅈ の4つだけです。他の子音は濁音にはなりません。

2 連音化

パッチムのある文字の直後に、母音で始まる文字が来た場合には、そのパッチムと母音がくっ付いて発音されます。これを連音化といいます。

📢 179

書くとき→ **일본**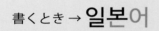

（日本語）

発音→   [일보**너**]   パッチムn＋オ＝ノ[no]

한국어 [한구거]（韓国語）   ← 連音化の時も、有声音化で濁音になる

있어요 [이써요]（あります・います）← 連音化の時は、つづりの文字の音が母音とくっつく

                      ※ [ ] は実際の発音。

!注意!

① 母音の前のパッチムが o の場合には、音はくっつきません。

   例 영어（英語） 고양이（猫）

② 읽のようにパッチムが2つあるものが連音化する場合には、左の子音をパッチムとして発音し、右の子音が次の母音と連音化して発音されます。

   例 읽어요 [일거요]（読みます）

3 鼻音化

🔊 180

[ᵖ][ᵗ][ᵏ] で発音するパッチムの後ろにㅁ、ㄴが来ると、[ᵖ]、[ᵗ]、[ᵏ] で発音するパッチムはそれぞれㅁ、ㄴ、ㅇで発音されます。これを鼻音化といいます。

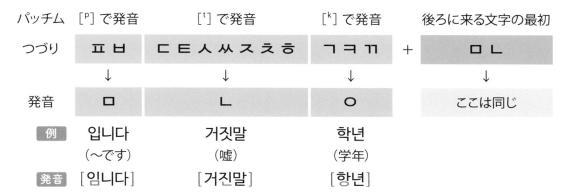

パッチム	[ᵖ] で発音	[ᵗ] で発音	[ᵏ] で発音	後ろに来る文字の最初
つづり	ㅍ ㅂ	ㄷ ㅌ ㅅ ㅆ ㅈ ㅊ ㅎ	ㄱ ㅋ ㄲ	+ ㅁ ㄴ
	↓	↓	↓	↓
発音	ㅁ	ㄴ	ㅇ	ここは同じ
例	입니다 (〜です)	거짓말 (嘘)	학년 (学年)	
発音	[임니다]	[거진말]	[항년]	

4 濃音化

🔊 181

[ᵖ][ᵗ][ᵏ] でで発音するパッチムの後ろにㄱ、ㄷ、ㅂ、ㅈ、ㅅが来ると、そのㄱ、ㄷ、ㅂ、ㅈ、ㅅはそれぞれ対応する濃音のㄲ、ㄸ、ㅃ、ㅉ、ㅆで発音されます。

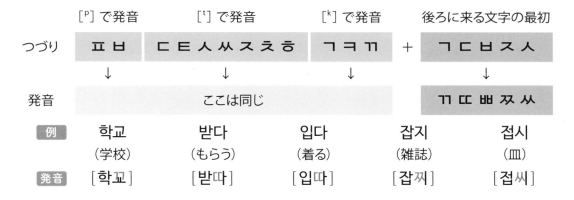

	[ᵖ] で発音	[ᵗ] で発音	[ᵏ] で発音	後ろに来る文字の最初
つづり	ㅍ ㅂ	ㄷ ㅌ ㅅ ㅆ ㅈ ㅊ ㅎ	ㄱ ㅋ ㄲ	+ ㄱ ㄷ ㅂ ㅈ ㅅ
	↓	↓	↓	↓
発音		ここは同じ		ㄲ ㄸ ㅃ ㅉ ㅆ
例	학교 (学校)	받다 (もらう)	입다 (着る)	잡지 (雑誌)	접시 (皿)
発音	[학꾜]	[받따]	[입따]	[잡찌]	[접씨]

| 83

5 激音化

　①［ᵖ］［ᵗ］［ᵏ］で発音されるパッチムとㅎ、そして②パッチムㅎ（ᴸㅎ、ᴿㅎを含む）とㄷ、ㅈ、ㄱが隣合わせになると、それぞれ対応する激音で発音されます。これを激音化といいます。

① ㅎが後ろにある場合

	パッチム				次に来る文字の最初
	［ᵖ］	［ᵗ］		［ᵏ］	
つづり	ㅂ ㅍ	ㄷ ㅌ ㅅ ㅆ ㅊ	ㅈ	ㄱ ㅋ ㄲ	+ ㅎ
	↓	↓		↓	
発音	ㅍ	ㅌ		ㅋ	

> 例　입학 ［이팍］　　　（入学）
> 　　 못해요 ［모태요］　　（できません）
> 　　 축하해요 ［추카해요］（おめでとうございます）

② ㅎが前にある場合

パッチム		次に来る文字の最初		
ㅎ +	つづり	ㄷ	ㅈ	ㄱ
		↓	↓	↓
	発音	ㅌ	ㅊ	ㅋ

> 例　좋다 ［조타］（良い）
> 　　 좋죠 ［조쵸］（良いですね）
> 　　 좋고 ［조코］（良くて）

6 ㅎの弱化・ㅎの無音化

　パッチムのㅁ、ㄴ、ㅇ、ㄹにㅎが続くと、ㅎは非常に弱く発音されたり、ほぼ発音されなくなります。また、ㅎの直後にㅇが続く場合には全く発音されなくなります。

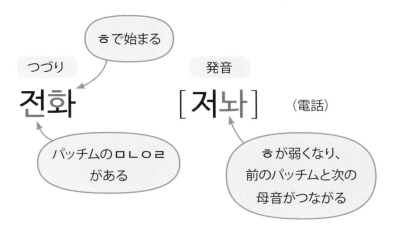

つづり　　　　　　　　発音

전화　　　　　[저놔]　（電話）

- ㅎで始まる
- パッチムのㅁㄴㅇㄹがある
- ㅎが弱くなり、前のパッチムと次の母音がつながる

　パッチムのㅎの直後に母音が来た場合には、ㅎは発音されません。
例　좋아요 [조아요]（良いです）

7 流音化

🔊 184

　ㄴとㄹが隣同士になると、ㄴがㄹで発音され、結果として両方ともㄹで発音されます。これを流音化といいます。

つづり　　　　ㄹ + ㄴ
　　　　　　　ㄴ + ㄹ
　　　　　　　　↓
発音　　　　　ㄹ + ㄹ

例　일년 [일련]（一年）
　　연락 [열락]（連絡）

ㄱ

가구	家具 ②
가까워요	近いです ③
가다	行く ⑧ ⑨ ⑩ ⑪ ⑫
가르치다	教える ⑨
가방	カバン ④ ⑤ ⑧ ⑫
가수	歌手 ②
가장	一番、最も ⑩
가족	家族 ④ ⑦
감사하다	感謝する、ありがたい ⑫
같이	一緒に ⑨ ⑩
개	個 ⑧
개	〜個 ⑪
거기	そこ ⑤ ⑥ ⑦ ⑧ ⑩ ⑫
거짓말[거진말]	嘘 ⑤
걸리다	かかる ⑨
고기	肉 ②
고양이	猫 ⑥ ⑩
공부	勉強 ⑪
공포 영화	ホラー映画 ⑩
공항	空港 ⑧
괜찮다	大丈夫だ ⑦ ⑪ ⑫
교실	教室 ④
그	その ⑨ ⑩
그것	それ ⑥ ⑧ ⑩
그때	その時 ③
그래서	なので、それなので ⑥
그래요?	そうなんですか？ ⑨
근데	でも ⑩
금요일	金曜日 ⑪
기다려요	待ちます ②
기다리다	待つ ⑨ ⑫

꼭	必ず、きっと ③

ㄴ

나가다	出る ⑧
나라	国 ①
남동생	弟 ⑨
내다	出す ⑧
내일	明日 ① ⑤ ⑥ ⑪
네	はい ④ ⑩ ⑪
노래	歌 ① ④ ⑩ ⑫
누가	誰が ⑫
누구	誰 ② ⑥ ⑨ ⑩

ㄷ

다니다	通う ⑨
다리	橋 ②
다시 한 번	もう一度 ⑨
답	答え ③
도	〜も ⑨ ⑩ ⑪ ⑫
도서관	図書館 ②
돌아보다	振り返る ⑨
되다	なる ⑨
두부	豆腐 ②
드라마	ドラマ ④ ⑦
들	達 ⑨
또	乗ります ③

ㄹ

를/을 만나다	〜に会う ⑪

ㅁ

마시다	飲む ⑨ ⑩ ⑪ ⑫

마음	心、気持ち ①
만 원이에요	1万ウォンです ②
만나다	会う ⑧ ⑩ ⑪
만들다	作る ⑦ ⑨ ⑩ ⑪
만들어요	作ります ②
많다	多い ⑦ ⑪
많이	たくさん、多く ⑪
말하다	言う、話す ⑩
맛있는 것	おいしいもの ⑪
맛있다	おいしい ⑦ ⑫
매번	毎回 ⑦
매운 음식	辛い食べ物 ⑩
매일	毎日 ①
먹다	食べる ⑦ ⑩ ⑪
메일	メール ⑦
메일 주소	メールアドレス ⑦
몇	何 (なん) ⑧ ⑪ ⑫
못	できない ③
무엇	何 ⑩
뭐	何 (なに) ⑥ ⑪ ⑫
믿다	信じる ⑨

ㅂ	
바다	海 ②
반	半 ⑧
반갑다	(会えて) 嬉しい ⑫
받다	受け取る、もらう ⑦ ⑨ ⑪ ⑫
발음하다	発音する ⑨
밥	ご飯 ③
배우다	習う ⑨
버스	バス ②
보내다	送る ⑧ ⑪
보다	見る ⑨ ⑩ ⑪
보이다	見せる ⑨
부부	夫婦 ②

비싸다	(値段が) 高い ⑧
비싸요	寒いです ③
빨리	はやく ③ ⑨ ⑩

ㅅ	
사과	りんご ②
사다	買う ⑧ ⑩ ⑪
사람	人 ④ ⑥ ⑨
사진	写真 ⑩ ⑪
살다	住む、暮らす ⑦ ⑪
삼계탕	サムゲタン ⑦ ⑩
삼월이에요	3月です ②
생일	誕生日 ⑤
서류	書類 ⑧
서울	ソウル ④ ⑥ ⑧ ⑨ ⑪ ⑫
선물	プレゼント ⑦ ⑨
선배	先輩 ⑨
선생님	先生 ⑨
세우다	数える ⑨
소개하다	紹介する ⑨
손님	お客様 ⑧
수업	授業 ⑥ ⑪
수요일	水曜日 ④
시	～時 ⑪ ⑫
시간	時間 ⑥ ⑦ ⑨ ⑪ ⑫
시간이 걸리다	時間がかかる ⑩
시작되다	始まる ⑪
시험	試験 ⑤
식당	食堂 ⑧
식사	食事 ⑦
식사하다	食事する ⑩
십 분	十分 ③
싸다	安い ⑧

ㅇ		
아까	ひとつ ③	
아뇨	いいえ ① ⑤ ⑥ ⑫	
아무도	誰も ⑥	
아버지	父 ②	
아이	子供 ①	
아주	とても ⑦ ⑫	
안 되다	ダメだ ⑨	
안녕?	元気?、バイバイ ①	
안녕하다	元気だ ⑫	
앉다	座る ⑪	
알다	知る、わかる ⑦ ⑧	
알아요	知っています ②	
약속	約束 ⑤ ⑥ ⑦	
어느	どの ⑫	
어디	どこ ② ⑤ ⑧ ⑩ ⑪ ⑫	
어린이	子供 ②	
어머니	お母さん ①	
어제	昨日 ⑪	
언니	(女性から見た)姉 ①	
언제	いつ ⑥ ⑪	
얼마	いくら ①	
얼마나	どのくらい ⑨	
없다	ない、いない ⑦ ⑪ ⑫	
에이	A ①	
여기	ここ ② ⑤ ⑥ ⑦ ⑧ ⑪ ⑫	
여기서	ここで ⑦	
여동생	妹 ⑨	
여보세요	もしもし ②	
여행	旅行 ④ ⑥ ⑦ ⑩	
연락하다	連絡する ⑨ ⑩	
영어	英語 ① ②	
영화	映画 ④ ⑤ ⑥ ⑦ ⑩ ⑫	
옆	横、隣 ⑤	
예정	予定 ⑥	

오늘	今日 ④ ⑤ ⑨
오늘이에요	今日です ②
오다	来る ⑨ ⑩ ⑪ ⑫
오빠	(女性から見た)兄 ③
오이	キュウリ ①
오전	午前 ⑤
오후	午後 ⑤ ⑥
올해	今年 ⑥
와요	来ます ②
왜요?	なぜですか? ②
요리	料理 ①
요일	曜日 ①
우리	私たち、私たちの ①
우아	優雅 ①
우유	牛乳 ①
운동하다	運動する ⑧
웃다	笑う ⑨
월요일	月曜日 ⑪
음식	食べ物 ⑦
음악	音楽 ② ⑩
의미	意味 ②
의자	椅子 ②
이	この ⑤ ⑩
이/가 되다	〜になる ⑨
이거	これ ② ⑧ ⑩ ⑫
이야기	話 ④
이유	理由 ①
일본	日本 ④ ⑤ ⑥ ⑧ ⑫
일본어	日本語 ② ⑨
일요일	日曜日 ②
읽다	読む ⑦ ⑨ ⑪ ⑫
입다	着る ⑦ ⑨ ⑪
있다	ある、いる ③ ⑦ ⑧ ⑪ ⑫
있어요	あります、います ⑤
있어요?	ありますか?、いますか? ⑤

ㅈ

자료	資料 ②
자리	席 ⑤ ⑥ ⑫
자주	しょっちゅう、よく ②
재미있는 것	おもしろいもの ⑩
저	あの ⑩
저	私 ⑦ ⑨ ⑪ ⑫
저기요	あの、すみません (呼びかけ) ⑫
전화하다	電話する ⑩
정말	本当 ④
정말이에요?	本当ですか? ②
제	私の ④ ⑤
제 옆	私の隣、私の横 ⑧
좀	ちょっと、少し ⑥
좀더	もう少し ⑨
좋다	良い、いい ⑦ ⑧ ⑩ ⑪ ⑫
좋아하다	好きだ、好む ⑩
죄송하다	申し訳ない ⑫
주다	あげる ⑨
준비하다	準備する ⑧ ⑨ ⑩
지금	今 ⑥ ⑫
지하철	地下鉄 ④
집	家 ④ ⑧
찍다	撮る ⑩ ⑪

ㅊ

찾다	探す ⑨ ⑪ ⑫
책	本 ⑫
처음	初めて、初め ④ ⑫
추워요	寒いです ③
출발하다	出発する ⑧ ⑪ ⑫
취미	趣味 ④ ⑤ ⑥
친구	友達 ④ ⑤ ⑥ ⑨ ⑪

ㅋ

카페	カフェ ③
커피	コーヒー ④ ⑦ ⑩ ⑪ ⑫
케이 팝	K-POP ⑩
켜다	点ける ⑧
키우다	育てる ⑨

ㅌ

타다	乗る ⑧ ⑪
타요	乗ります ③
티켓	チケット ⑥

ㅍ

파티	パーティー ⑥
펴다	開く ⑧
편의점	コンビニ ⑥ ⑧
피곤하다	疲れる ⑪
필요하다	必要だ ⑫

ㅎ

하나	ひとつ ③
하다	する ⑧ ⑩ ⑪ ⑫
학교	学校 ③
학생	学生 ④ ⑤ ⑥ ⑨ ⑫
한국	韓国 ③ ④ ⑤ ⑥ ⑧ ⑨ ⑫
한국 드라마	韓国ドラマ ⑩
해외	海外 ④
회사	会社 ⑧
회사원	会社員 ④ ⑤
회의	会議 ⑥
후배	後輩 ⑨

あ

会う	만나다	⑧ ⑩ ⑪
あげる	주다	⑨
明日	내일	① ⑤ ⑥ ⑪
（女性から見た）兄	오빠	③
（女性から見た）姉	언니	①
あの	저	⑩
あの、すみません（呼びかけ）	저기요	⑫
ありがたい	감사하다	⑫
あります	있어요	⑤
ありますか?	있어요?	⑤
ある	있다	③ ⑦ ⑧ ⑪ ⑫
いい	좋다	⑦ ⑧ ⑩ ⑪ ⑫
いいえ	아뇨	① ⑤ ⑥ ⑫
言う	말하다	⑩
家	집	④ ⑧
行く	가다	⑧ ⑨ ⑩ ⑪ ⑫
いくら	얼마	①
椅子	의자	②
一番、最も	가장	⑩
1万ウォンです	만 원이에요	②
いつ	언제	⑥ ⑪
一緒に	같이	⑨ ⑩
今	지금	⑥ ⑫
います	있어요	⑤
いますか?	있어요?	⑤
意味	의미	②
妹	여동생	⑨
いる	있다	③ ⑦ ⑧ ⑪ ⑫
受け取る	받다	⑦ ⑨ ⑪ ⑫
嘘	거짓말[거진말]	⑤
歌	노래	① ④ ⑩ ⑫
海	바다	②

（会えて）嬉しい	반갑다	⑫
運動する	운동하다	⑧
A	에이	①
映画	영화	④ ⑤ ⑥ ⑦ ⑩ ⑫
英語	영어	① ②
おいしい	맛있다	⑦ ⑫
おいしいもの	맛있는 것	⑪
多い	많다	⑦ ⑪
多く	많이	⑪
お母さん	어머니	①
お客様	손님	⑧
送る	보내다	⑧ ⑪
教える	가르치다	⑨
弟	남동생	⑨
おもしろいもの	재미있는 것	⑩
音楽	음악	② ⑩

か

海外	해외	④
会議	회의	⑥
会社	회사	⑧
会社員	회사원	④ ⑤
買う	사다	⑧ ⑩ ⑪
かかる	걸리다	⑨
家具	가구	②
学生	학생	④ ⑤ ⑥ ⑨ ⑫
歌手	가수	②
数える	세우다	⑨
家族	가족	④ ⑦
学校	학교	③
必ず	꼭	③
カバン	가방	④ ⑤ ⑧ ⑫
カフェ	카페	③

通う	다니다 ⑨	好む	좋아하다 ⑩
辛い食べ物	매운 음식 ⑩	ご飯	밥 ③
韓国	한국 ③④⑤⑥⑧⑨⑫	これ	이거 ②⑧⑩⑫
韓国ドラマ	한국 드라마 ⑩	コンビニ	편의점 ⑥⑧
感謝する、ありがたい	감사하다 ⑫		
きっと	꼭 ③	**さ**	
昨日	어제 ⑪	探す	찾다 ⑨⑪⑫
来ます	와요 ②	寒いです	비싸요 ③
気持ち	마음 ①	寒いです	추워요 ③
牛乳	우유 ①	サムゲタン	삼계탕 ⑦⑩
キュウリ	오이 ①	3月です	삼월이에요 ②
今日	오늘 ④⑤⑨	〜時	시 ⑪⑫
教室	교실 ④	時間	시간 ⑥⑦⑨⑪⑫
今日です	오늘이에요 ②	時間がかかる	시간이 걸리다 ⑩
着る	입다 ⑦⑨⑪	試験	시험 ⑤
金曜日	금요일 ⑪	知っています	알아요 ②
空港	공항 ⑧	写真	사진 ⑩⑪
国	나라 ①	授業	수업 ⑥⑪
暮らす	살다 ⑦⑪	出発する	출발하다 ⑧⑪⑫
来る	오다 ⑨⑩⑪⑫	十分	십 분 ③
K-POP	케이 팝 ⑩	趣味	취미 ④⑤⑥
月曜日	월요일 ⑪	準備する	준비하다 ⑧⑨⑩
元気?	안녕? ①	紹介する	소개하다 ⑨
元気だ	안녕하다 ⑫	食事	식사 ⑦
個	개 ⑧⑪	食事する	식사하다 ⑩
後輩	후배 ⑨	食堂	식당 ⑧
コーヒー	커피 ④⑦⑩⑪⑫	しょっちゅう	자주 ②
ここ	여기 ②⑤⑥⑦⑧⑪⑫	書類	서류 ⑧
午後	오후 ⑤⑥	資料	자료 ②
ここで	여기서 ⑦	知る	알다 ⑦⑧
心	마음 ①	信じる	믿다 ⑨
午前	오전 ⑤	水曜日	수요일 ④
答え	답 ③	好きだ	좋아하다 ⑩
今年	올해 ⑥	少し	좀 ⑥
子供	아이 ①	住む	살다 ⑦⑪
子供	어린이 ②	する	하다 ⑧⑩⑪⑫
この	이 ⑤⑩	座る	앉다 ⑪

席	자리 ⑤ ⑥ ⑫
先生	선생님 ⑨
先輩	선배 ⑨
そうなんですか？	그래요? ⑨
ソウル	서울 ④ ⑥ ⑧ ⑨ ⑪ ⑫
そこ	거기 ⑤ ⑥ ⑦ ⑧ ⑩ ⑫
育てる	키우다 ⑨
その	그 ⑨ ⑩
その時	그때 ③
それ	그것 ⑥ ⑧ ⑩
それなので	그래서 ⑥

た

大丈夫だ	괜찮다 ⑦ ⑪ ⑫
（値段が）高い	비싸다 ⑧
たくさん	많이 ⑪
出す	내다 ⑧
達	들 ⑨
食べ物	음식 ⑦
食べる	먹다 ⑦ ⑩ ⑪
ダメだ	안 되다 ⑨
誰	누구 ② ⑥ ⑨ ⑩
誰が	누가 ⑫
誰も	아무도 ⑥
誕生日	생일 ⑤
近いです	가까워요 ③
地下鉄	지하철 ④
チケット	티켓 ⑥
父	아버지 ②
ちょっと	좀 ⑥
疲れる	피곤하다 ⑪
作ります	만들어요 ②
作る	만들다 ⑦ ⑨ ⑩ ⑪
点ける	켜다 ⑧
できない	못 ③
でも	근데 ⑩
出る	나가다 ⑧

電話する	전화하다 ⑩
豆腐	두부 ②
どこ	어디 ② ⑤ ⑧ ⑩ ⑪ ⑫
図書館	도서관 ②
とても	아주 ⑦ ⑫
隣	옆 ⑤
どの	어느 ⑫
どのくらい	얼마나 ⑨
友達	친구 ④ ⑤ ⑥ ⑨ ⑪
ドラマ	드라마 ④ ⑦
撮る	찍다 ⑩ ⑪

な

ない、いない	없다 ⑦ ⑪ ⑫
なぜですか？	왜요? ②
何（なに）	뭐 ⑥ ⑪ ⑫
何（なに）	무엇 ⑩
なので	그래서 ⑥
習う	배우다 ⑨
なる	되다 ⑨
何（なん）	몇 ⑧ ⑪ ⑫
肉	고기 ②
日曜日	일요일 ②
〜に会う	를/을 만나다 ⑪
〜になる	이/가 되다 ⑨
日本	일본 ④ ⑤ ⑥ ⑧ ⑫
日本語	일본어 ② ⑨
猫	고양이 ⑥ ⑩
飲む	마시다 ⑨ ⑩ ⑪ ⑫
乗ります	또 ③
乗ります	타요 ③
乗る	타다 ⑧ ⑪

は

はい	네 ④ ⑩ ⑪
バイバイ	안녕? ①
橋	다리 ②

始まる	시작되다 ⑪	もう一度	다시 한 번 ⑨
初め	처음 ④ ⑫	もう少し	좀더 ⑨
初めて	처음 ④ ⑫	申し訳ない	죄송하다 ⑫
バス	버스 ②	もしもし	여보세요 ②
パーティー	파티 ⑥	最も	가장 ⑩
発音する	발음하다 ⑨	もらう	받다 ⑦ ⑨ ⑪ ⑫
話	이야기 ④		
話す	말하다 ⑩		

はやく	빨리 ③ ⑨ ⑩	**や**	
半	반 ⑧	約束	약속 ⑤ ⑥ ⑦
必要だ	필요하다 ⑫	安い	싸다 ⑧
人	사람 ④ ⑥ ⑨	優雅	우아 ①
ひとつ	아까 ③	良い	좋다 ⑦ ⑧ ⑩ ⑪ ⑫
ひとつ	하나 ③	曜日	요일 ①
開く	펴다 ⑧	よく	자주 ②
夫婦	부부 ②	横	옆 ⑤
振り返る	돌아보다 ⑨	予定	예정 ⑥
プレゼント	선물 ⑦ ⑨	読む	읽다 ⑦ ⑨ ⑪ ⑫
勉強	공부 ⑪		
ホラー映画	공포 영화 ⑩		
本	책 ⑫	**ら**	
本当	정말 ④	理由	이유 ①
本当ですか?	정말이에요? ②	料理	요리 ①
		旅行	여행 ④ ⑥ ⑦ ⑩
		りんご	사과 ②
ま		連絡する	연락하다 ⑨ ⑩
毎回	매번 ⑦		
毎日	매일 ①		
待ちます	기다려요 ②	**わ**	
待つ	기다리다 ⑨ ⑫	わかる	알다 ⑦ ⑧
見せる	보이다 ⑨	私	저 ⑦ ⑨ ⑪ ⑫
見る	보다 ⑨ ⑩ ⑪	私たち	우리 ①
メール	메일 ⑦	私たちの	우리 ①
メールアドレス	메일 주소 ⑦	私の	제 ④ ⑤
〜も	도 ⑨ ⑩ ⑪ ⑫	私の隣	제 옆 ⑧
		私の横	제 옆 ⑧
		笑う	웃다 ⑨

著者紹介
山崎玲美奈（やまざき　れみな）
　東京外国語大学大学院博士前期課程修了（言語学）。
　早稲田大学、フェリス女学院大学、上智大学非常勤講師。2019 年 4 月
～ 9 月、NHK ラジオ「まいにちハングル講座」講師。
　主な著書に『起きてから寝るまで 韓国語表現 1000』（共著）、『はじめ
てのハングル能力検定試験 3 級』、『キクタン韓国語会話　入門編』（ア
ルク）、『改訂版 口が覚える韓国語 スピーキング体得トレーニング』（三
修社）、『超入門！書いて覚える韓国語ドリル』（ナツメ社）などがある。

12 課で学ぶ韓国語の入門

2021 年 2 月 1 日　印刷
2021 年 2 月 10 日　発行

著　者 Ⓒ 山 崎 玲 美 奈
発行者　　及 川 直 志
組版所　　株式会社アイ・ビーンズ
印刷所　　研究社印刷株式会社

発行所　101-0052 東京都千代田区神田小川町 3 の 24
　　　　電話 03-3291-7811（営業部），7821（編集部）　　株式会社 白水社
　　　　www.hakusuisha.co.jp
　　　　乱丁・落丁本は、送料小社負担にてお取り替えいたします。

振替 00190-5-33228　　　　Printed in Japan　　　　株式会社島崎製本

ISBN　978-4-560-01798-2

パスポート朝鮮語小辞典 ◎朝和＋和朝◎

塚本 勲 監修／熊谷明泰 責任編集／白岩美穂, 黄鎭杰, 金年泉 編

◇朝和＋和朝でハンディサイズ！　◇韓国の標準語に準拠　◇大きな
文字で見やすい版面　◇朝和は 23000 語, 全見出し語にカタカナ発音
◇和朝は 6000 語, 生きた例文が豊富　◇ジャンル別単語・会話集付
（2色刷）B 小型　640 頁　定価（本体 2600 円＋税）

韓国語プラクティス100　増田忠幸 著

100 の練習で，気持ちをつたえることが自
然にできるようになるためのメソッド.
A 5 判　150 頁　定価 (本体 2200 円＋税)【CD 2 枚付】

改訂版　韓国語文法ドリル
◎初級から中級への 1000 題
須賀井義教 著

ハン検 5 ～ 3 級の文法事項のおさらい,
弱点強化に. 文法問題を強化した改訂版.
B5 判　176 頁　定価（本体 2000 円＋税）

絵で学ぶ韓国語文法
◎初級のおさらい、中級へのステップアップ
金京子，河村光雅 著

絵を使った解説でわかりやすい！（2色刷）
A 5 判　269 頁　定価（本体 2300 円＋税）

絵で学ぶ中級韓国語文法
金京子，河村光雅 著

絵を用いた簡潔な解説と豊富な練習問題
で着実に中級の実力を養成.　　（2色刷）
A 5 判　297 頁　定価（本体 2600 円＋税）

絵で学ぶ
上級への韓国語文法
金京子，河村光雅 著

上級への足場を固める，84 の絵を使った
丁寧な文法解説.　　　　　（2色刷）
A 5 判　296 頁　定価（本体 2800 円＋税）

絵でわかる韓国語のオノマトペ
◎表現が広がる擬声語・擬態語
辛昭静 著

にぎやかな音のニュアンスを楽しく学ぼ
う. 音声無料ダウンロード有り.
四六判　150 頁　定価（本体 2200 円＋税）

E メールの韓国語
白宣基，金南昕 著

ハングルの入力方法から，様々な場面にお
ける文例と関連表現まで.
A 5 判　185 頁　定価(本体 1900 円＋税)

韓国語発音クリニック　前田真彦 著

こう発音すればネイティブにも伝わる！
A 5 判　159 頁　定価(本体 2200 円＋税)【CD付】

通訳メソッドできたえる
中級韓国語　前田真彦 著

コミュニケーションの力を着実にアップ！
音声無料ダウンロード有り.　【CD付】
A5 判　167 頁　定価（本体 2400 円＋税）

韓国語 まる覚えキーフレーズ40
張銀英 著

キーフレーズのまる覚えではじめる会話練
習. 音声無料ダウンロード有り.（2色刷）
四六判　119 頁　定価(本体1900円＋税)【CD付】

韓国語形容詞強化ハンドブック
今井久美雄 著

韓国語の形容詞のすべてがここに. 音声無
料ダウンロード有り.
四六判　287 頁　定価（本体 2600 円＋税）

韓国語単語練習帳
◎ハン検 5 級 4 級 TOPIK 初級
金京子，神農朋子 著

楽しく効率的に覚えて，語彙力アップ！
音声無料ダウンロード有り.
四六判　295 頁　定価（本体 2300 円＋税）

中級韓国語単語練習帳
◎ハン検 3 級準 2 級 TOPIK 中級
金京子，神農朋子 著

待望の中級編！　2880 語収録. 音声無料
ダウンロード有り.
四六判　374 頁　定価（本体 2600 円＋税）

韓国語能力試験
TOPIK II作文対策講座
吉川寿子，キム・テウン 著

TOPIK II の中で得点配分も多く結果を左右
する可能性が高い「作文」をどのように攻
略するか. 徹底的に研究した著者が道筋を
示す.
A5 判　167 頁　定価（本体 2100 円＋税）

重版にあたり，価格が変更になることがありますので，ご了承ください.